JENNEVAL

OU

LE BARNEVELT FRANÇOIS,

DRAME.

JENNEVAL

OU

LE BARNEVELT FRANÇOIS,

DRAME,

EN CINQ ACTES, EN PROSE.

Par M. MERCIER.

JE NE DOIS QU'A MOI SEUL TOUTE MA RENOMMÉE.

A PARIS,

Chez LE JAY, Libraire, rue Saint Jacques, au-deſſus
de celle des Mathurins, au Grand Corneille.

M. DCC. LXIX.

PRÉFACE.

Lorsque M. Saurin donna Beverley ; le Public parut défirer qu'on traitât le fameux fujet de Barnevelt, ou le Marchand de Londres, qui eft comme le pendant du Joueur. La Piece Angloife de Lillo jouit d'une grande réputation ; elle le mérite. Il y regne cette vérité, ce pathétique attendriffant l'ame du genre Dramatique. Les adieux de Truman & de fon ami font admirables ; mais la confufion des fçenes, l'intérêt coupé & divifé, le bizarre à côté du fublime, toutes les fautes enfin du Théatre Anglois empêcheront qu'elle foit jamais repréfentée fur le nôtre dans la forme où elle fe trouve.

Echauffé par le défir de donner un Drame utile, j'ai voulu peindre les fuites funeftes d'une liaifon vicieufe, rendre la paffion redoutable autant qu'elle eft dangereufe, infpirer de l'éloignement pour ces femmes charmantes & méprifables, qui font un métier de féduire, montrer à une jeuneffe fougueufe & imprudente que le crime fouvent n'eft pas loin du libertinage, & que dans l'ivreffe enfin, on ignore jufqu'à quel point peut monter la fureur. J'ai tâché de furmonter les obftacles, & d'accommoder ce fujet à notre Théatre, c'eft à-dire à nos mœurs.

Le plan du Joueur Anglois étoit fimple & affez régulier; le plan du Marchand de Londres eft un véritable cahos, où il eft impoffible de faire entrer l'ordre & l'unité. Tous les gens de lettres ont conçu l'extrême difficulté qu'offroit un pareil fujet. Il falloit néceffairement mettre fur la Scene une courtifane, la faire parler, la faire agir, montrer un jeune homme livré à fes charmes, abandonné à fon génie corrupteur, & l'idolâtrant avec le tranfport & la bonne foi de fon âge. Il falloit en même-tems écarter des images capables de flétrir l'ame, & qui l'obfedent fans ceffe à caufe du lieu de la Scène. Plus le pinceau devoit être naturel, plus il demandoit à être manié avec art.

C'étoit affez pour moi d'avoir ces conditions à remplir. Je n'ai pas ofé aller plus loin. Barnevelt, affaffin de fon oncle, revenant les mains teintes de fang, montant fur l'échaffaut pour expier un parricide, auroit à coup-fûr révolté les fpectateurs. Nous compatiffons aux foibleffes, aux infortunes, aux dé-

fordres mêmes des paſſions ; mais nous n'a-
vons point de larmes à donner à un meur-
trier. Sa cauſe nous devient étrangere. Il
n'eſt plus compté dans la ſociété. Son crime
peſe à notre ame & l'accable ; rien ne le
juſtifie, rien ne l'excuſe à nos yeux, & le
théatre à Paris n'a pas un pont de commu-
nication avec la greve.

Mais comment auſſi conſerver toute la
force théatrale & ménager la délicateſſe fran-
çoiſe qui, dans ce point, me paroit juſte &
reſpectable? Comment expoſer la paſſion dans
toute ſon énergie & ne point perdre le but
moral, faire frémir, & ne point faire horreur? J'ai conduit le jeune homme ſur le bord
de l'abime. Je lui en ai fait meſurer toute la
profondeur. Il m'eut été facile de l'y préci-
piter. Mais j'en appelle à la nation. Auroit-
elle vû ſans pâlir un forcené guidé par la
ſoif de l'or, & par celle de la volupté qui
court plonger le poignard dans le ſein d'un
homme vertueux ? Non, elle eut repouſſé le
tableau, parce qu'il n'eſt pas fait pour elle,
& qu'elle ne ſuppoſe point un parricide au
milieu des ames ſenſibles qui viennent s'attendrir & pleurer à ſon ſpectacle. On peut
être ému, effrayé, ſans que le Poëte ſerre
le cœur d'une maniere triſte & déſagréable.

Faut-il blesser pour guérir? Ne suffit-il pas
d'environner l'ame du doux sentiment de la
pitié, de ce sentiment vainqueur qui nous
replie sur nous mêmes, & qui triomphe d'une
maniere aussi douce qu'intime? Croira-t-on
que le jeune homme foible & trompé, ne
pourra ouvrir les yeux, & sortir de l'enchan-
tement, sans qu'on lui montre dans l'enfon-
cement du théatre la corde, la potence &
le bourreau? Et pourquoi dans cette situation
attendrissante & terrible, où la voix d'une
femme commande un assassinat, ne pas laisser
au jeune homme interdit & déchiré un retour
à la vertu? Ce retour n'est-il pas naturel, & le
nouveau but moral qu'il offre en donnant
une idée noble des forces victorieuses que
nous recelons en nous mêmes, n'est-il pas
fait pour satisfaire autant le public que le
Philosophe?

J'ai donc été obligé d'abandonner la piece
angloise, & de faire, pour ainsi dire, un
Drame nouveau. J'ai conservé le fond de
deux caracteres; & j'ai marché seul pour le
reste. J'ai regretté de n'avoir pu faire entrer
dans ma piece plusieurs beautés de l'Anglois;
mais ayant suivi un plan tout différent, ces
beautés n'ont pu trouver leur place. Enfin,
travaillant pour ma nation, je n'ai pas dû
lui présenter des mœurs atroces.

Je pourrois donner ici mes idées sur ce genre utile, qui met dans un jour si frappant les malheurs & les devoirs de la vie civile ; qui, plus que l'orgueilleuse Tragédie, parle à cette multitude, où repose une foule d'ames neuves & sensibles, qui n'attendent, pour s'émouvoir que le cri de la nature. Je pourrois faire voir que la plupart des Auteurs Dramatiques n'ont malheureusement travaillé jusqu'ici que pour un très-petit nombre d'hommes, que les succès qu'ils devoient attendre & placer dans l'amélioration des moeurs n'ont pas répondu à leurs efforts, parce qu'ils ont employé leur génie à tracer des tableaux superbes, mais le plus souvent de pure fantaisie. Quelques beaux qu'ils puissent être ils ne frappent point le gros de la nation, parce qu'ils n'ont pas un rapport nécessaire avec l'instruction générale. Les Ecrivains comme les grands, ont semblé dédaigner l'oreille du Peuple.

Chez les Grecs le but de la Tragédie étoit sensible. Elle devoit nourrir le génie Républicain, & rendre la Monarchie odieuse. J'entends fort bien Corneille ; mais il faut l'avouer, il est devenu pour nous un auteur presque étranger, & nous avons perdu jusqu'au droit de l'admirer. Nous aimons le poli & la massue

d'Hercule eft noueufe. Corneille enfin devoit naître en Angleterre. Que nous refte-t il
prefentement à faire, fi ce n'eft de combattre les
vices qui troublent l'ordre focial? voilà tout
notre emploi ; & puifqu'il ne s'agît plus de ces
grands intérêts, à jamais féparés des nôtres,
ce font mes femblables que je cherche, ce
font eux qui doivent m'intéreffer, & je ne
veux plus m'attendrir qu'avec eux.

Il eft donc fingulier que parmi tant d'Auteurs que leur goût portoit à la recherche &
à la peinture des caractères, prefque tous
ayent dédaigné le commerce des habitans de
la Campagne ou n'aient vu en eux que leur
groffiereté apparente. Quel tréfor pour un
Poëte moral, que la nature dans fa fimplicité!
que de chofes à peindre, à réveler à l'oreille
des Princes! fi je ne me trompe, vû nos progrès dans la Philofophie, ce feroit aujourd'hui
au Monarque à defcendre au rang des Au-
diteurs, & ce feroit au Pâtre à monter fur
la fçene. L'inverfe du Théatre deviendroit
peut-être la forme la plus heureufe, comme
la plus inftructive. Le payfan du Danube
paroît un inftant au milieu du Sénat de Rome,
& devient le plus éloquent des Orateurs.

Avouons que l'art Dramatique n'a pas reçu

tout fon effet, qu'on l'a refferré dans des
bornes étroites, que nous n'avons prefque
point de pieces vraiment nationales, que le
goût imitateur a profcrit la vérité précieufe,
que ces Tragédies où il ne s'agit point des
crimes des têtes couronnées, de ces crimes
ftériles dont nous fommes las, mais des
infortunes réelles & préfentes de nos femblables font, fans doute, les plus difficiles à
tracer, parce que tout le monde eft juge de
la reffemblance, & qu'il faut qu'elle foit
exacte, ou l'effet eft abfolument nul. Le
Poëte qui me peindroit l'indigent labo-
rieux, environné de fa femme & de fes enfans, & malgré un travail commencé avec
l'aurore & continué bien avant dans la nuit,
ne pouvant fortir des horreurs de la mifere
qui le preffe, m'offriroit un tableau vrai &
que j'ai fous les yeux. Ce tableau offert à
la Patrie pourroit l'éclairer par fentiment, lui
donner des idées plus faines de politique &
de légiflation, démontrer leurs vices actuels,
& par conféquent il feroit plus utile à tracer
que ces lointaines révolutions arrivées dans
des états qui ne peuvent nous toucher en
rien.

Je pourrois m'étendre davantage; mais il
eft trop aifé & trop dangereux de s'ériger

en Légiflateur. L'amour-propre, d'une maniere infenfible & prefque naturelle, vous
perfuade que l'art & vous, ne faites qu'un.
Il faut échapper à ce piége où tombe faci-
lement la vanité. Cependant le critique qui
n'a qu'un goût étroit, qu'une ame féche &
ftérile, s'imaginera que l'art eft détruit, parce qu'il eft modifié. Il ne fentira pas que l'art
n'a fait qu'augmenter fes richeffes & reculer
fes bornes. Trifte envieux, froid differtateur,
ne fachant pas même prévoir qu'il rifque de
rougir le lendemain de ce qu'il a écrit la
veille, il ofera appeller ce genre le refuge
de la médiocrité. Comme fi ce n'étoit rien
que de peindre avec fentiment & avec vérité, comme fi le génie étoit attaché au vê-
tement Grec, Perfe ou Romain; & dépen-
doit fervilement de tel ou tel perfonnage!

Quelle comparaifon, dit l'Auteur de la
Poëtique Françoife, de Barnevelt avec
Athalie, du côté de la pompe & de la majefté
du Théatre! mais auffi quelle comparaifon
du côté du pathétique & de la moralité!

Le vœu général de la nation, je l'oferai
dire, eft de voir enfin des Drames qui nous
appartiennent, & dont le but moral foit plus
effectif, comme plus près de nous. Les pre-
miers effais ont été reçus avec tranfport.

Voyez dans toutes nos Provinces les succès qu'ont eu le Pere de Famille, le Philosophe sans le sçavoir, Beverley, &c. Chaque Citoyen a dit, voilà ce qu'il faut offrir à nos enfans, à nos sœurs, à nos femmes. Voici enfin des leçons qui pourront fructifier dans leurs cœurs. Plus la fable approche des évenemens ordinaires, plus elle ouvre dans l'ame une entrée libre aux maximes qu'elle renferme, dit Gravina.

L'homme de génie qui a fait le Pere de Famille pourroit en cette partie enlever tous nos hommages. Ah ! s'il prenoit les pinceaux de cette même main qui a parcouru le vaste champ des arts, comme tous les états de la vie civile qu'il a vus & fréquentés recevroient de son ame féconde & brulante la leçon d'une morale applicable à leurs diverses conditions ! & que deviendroient alors devant lui ces Auteurs qui vont chercher hors de leur siécle & de leur patrie une nature énergique qu'ils ont sous les yeux & qu'ils sont impuissants à peindre.

A mesure que les lumieres s'étendent, se fortifient, naissent dans les arts de nouvelles combinaisons. Elles sont le fruit du tems, de l'expérience & de la réfléxion. Il est réservé,

sans doute au siécle de la philosophie de
donner au peuple un genre dont il puisse
entendre & reconnoître les personnages. Le
système Dramatique a visiblement changé
depuis Corneille jusqu'à la Chaussée encore
quelques nuances de plus, un nouveau dégré de vérité & de vie, & la nation bénira
ses Poëtes. On doit des éloges par exemple
à M. D'Arnaud ; il vient de déterminer un
nouveau genre de Drame, touchant & lugu-
bre ; il a présenté les grands combats de la
religion & de l'amour, ces deux puissances
du cœur humain. Il l'a vu tel qu'il est, tel
qu'il gémit dans les cloîtres, & combien de
cœurs infortunés se sont reconnus dans ses tableaux ! combien d'autres éviteront d'opposer
ainsi leur foiblesse à la plus tiranique des pas-
sions ! Quelle force, quelle influence les écri-
vains n'auroient-ils pas sur les esprits, s'ils ne
perdoient jamais de vue que les talens ne sont
rien, s'ils ne se tournent vers un objet utile !
Quelle énergie, quel triomphe assuré n'auroit pas en même-tems notre Théatre, si au
lieu de le regarder comme l'asile des hommes oisifs, on le considéroit comme l'école
des vertus & des devoirs du Citoyen ! Quel
art que celui qui, concentrant toutes les vo-

lontés, de tous les cœurs peut ne faire qu'un
feul & même cœur! Que de tableaux éloquens
nous pourrions enfin expofer en partant de
l'heureux point de vue où nous fommes!

PERSONNAGES,

M. DABELLE, Chef de Bureau.

LUCILE, Fille de M. Dabelle.

JENNEVAL, jeune homme faisant son droit demeurant chez M. Dabelle.

BONNEMER, Caissier de M. Dabelle, ami de Jenneval.

DUCRÔNE, Oncle de Jenneval.

ORPHISE, Cousine de Lucile, nouvellement mariée.

ROSALIE.

JUSTINE, suivante de Rosalie.

BRIGARD, Escroc, Brétailleur, &c.

UN COMMIS.

UN DOMESTIQUE.

La Scene est à Paris.

JENNEVAL

JENNEVAL

OU

LE BARNEVELT FRANÇOIS,

DRAME.

P. Marillier del. *F. De Ghendt Sculp.*

ACTE IV. Scene 7.

JENNEVAL

OU

LE BARNEVELT FRANÇOIS,

ACTE PREMIER.

SCENE PREMIERE.

M. DABELLE *seul, assis devant une table couverte de papiers. Il écrit.*

Un Commis entre & apporte plusieurs lettres, M. Dabelle les ouvre, & à mesure qu'il les lit, il les rend & dit :

RÉPONDEZ tout de suite à ces trois Lettres... Faites expédier le Congé à ces Soldats, qui ont rempli le tems de leur engagement. Rendons des Agriculteurs aux Provinces, & ne violons jamais la foi publique. Elle est encore plus sacrée que celle des particuliers. Pressez cette autre expédition : elle est importante, elle intéresse plusieurs malheureux...

Il a retenu une lettre qui le concerne particuliérement.
Il la lit & la tient décachetée à la main. Le Commis se retire.

Ce jour eſt donc fait pour me ſurprendre...
(*en élevant la voix*). Non , non, l'ambition de m'al-
lier avec un homme plus puiſſant & plus riche que
moi ne m'aveuglera point. Je veux que ſa main ſe
donne avec ſon cœur. Malheur au pere aſſez dur
pour faire, du ſaint nœud de l'Himen, un lien tiſſu par
l'intérèt. Comte ! votre lettre me fait beaucoup d'honneur ; mais ſi ma fille ne vous nomme point , ma ré-
ponſe eſt toute faite.

SCENE II.

M. DABELLE, LUCILE.

LUCILE *allant à ſon pere & lui baiſant les*
mains avec reſpect.

MON Pere !

M. DABELLE.

Bon jour mon enfant. Je t'attendois ce matin avec
plus d'impatience encore que les autres jours. Nous
devons avoir un aſſez long entretien enſemble. J'ai
bien des choſes à te dire , & je déſire que Lucile y
réponde avec ſa franchiſe accoutumée.

LUCILE.

Vous me parlez toujours avec tant de bonté. Vous
jugez ſi favorablement de mon cœur , que je crains
de ne pouvoir mériter vos éloges ... Vous ſçavez le

plaiſir que j'ai à vous entendre ... Je ne me ſuis jamais trouvé embarraſſée avec vous ; mais combien de fois vous m'avez émue !

M. DABELLE.

Je ſuis trop loin de me reprocher la douceur dont j'ai uſé envers toi pour devoir l'abandonner. Eh comment peut-on ſe réſoudre à ne pas traiter ſon enfant comme ſoi-même ? Ce n'eſt qu'aux ſoins paternels qu'il doit reconnoître celui dont il tient la vie... Aſſeyez-vous, ma fille ... Je ſais vous rendre juſtice ... (*en s'animant.*) Lorſque l'épouſe chérie dont tu me retraces tous les traits, ainſi que les vertus, lorſque ta mere, orgueilleuſe de remplir les devoirs qu'impoſe ce nom ſacré, t'allaitoit ſur ſes genoux, ma Lucile étoit encore au berceau, & dans nos doux entretiens nous parlions déja de la marier. Au milieu de la joie dont nos cœurs étoient pénétrés, nous jettions pour elle nos regards dans l'avenir ... (*d'un ton non moins touchant, mais plus ſérieux*) Votre mere eſt morte, Lucile : elle m'a laiſſé ſeul au milieu du travail de votre éducation ; mais l'ouvrage commencé par ſes mains, formé ſur le plus noble modele s'eſt achevé de lui-même ; vous me tenez lieu d'elle ... Mais il eſt une fin pour laquelle vous êtes née. Chaque âge a ſa deſtination, & quiconque ne la remplit pas ſe prépare des malheurs plus grands que ceux qu'il croit éviter ... Je ſens qu'il vous ſera dur de vous ſéparer d'un pere ; c'eſt à moi de vous preſſer de choiſir un époux ... Il faut que je vous quitte un jour ; la tombe où repoſe votre mere m'attend. Alors ne m'ayant plus, ſans protecteur, ſans amis, vous reſteriez ſeule. (*Lucile peinée ſe leve & voudroit parler ;* M. *Dabelle lui prenant les mains*)

Non ma fille, il n'y a point de réponse à cela. Retenez vos larmes; je mourrai content, mais ce fera après avoir affuré votre bonheur.

Péfons-donc ici nos intérêts : vous vous étonnez tous les jours de voir des maifons, où, fous une apparente tranquillité, règne la difcorde ; des Maîtres durs ou gouvernés par leurs valets ; des femmes diffipées & fans tendreffe ; des chefs de familie dont l'enfance fe perpétue jufques dans la vieilleffe. O ma fille, voici l'origine du mal, c'eft que les meilleures qualités le cédent à une trifte opulence. On court après la fortune, on néglige les vertus fociales. Sous le brillant de la richeffe, le cœur de l'homme fe trouve fouvent bien pauvre. On fe voit trompé lorfqu'il n'eft plus tems de revenir fur fes pas. Je vous ai accoutumée de bonne heure à diftinguer le mérite réel de celui qui n'en a que les dehors. Elevée dans la maifon paternelle, vous y avez vu le vrai, le beau, l'honnête. Le vice ne s'eft offert à votre imagination que comme ces fantômes qui fe perdent dans l'ombre. Voici l'âge où la raifon fe joint chez vous au fentiment. Voici l'inftant où je dois être récompenfé de mes peines... Je vous l'ai déja dit, ma fille, plus des trois quarts de mes jours font écoulés... Répondez-moi, aurai-je la confolation de vous laiffer entre les bras d'un époux ? J'ai toujours attendu que votre cœur parlat : je l'avouerai, j'ai épié avec une fecrette impatience jufqu'à fes moindres mouvemens. Digne de choifir, je lui en ai laiffé la liberté. Ma maifon s'eft ouverte à tous ceux qui pouvoient afpirer à votre main. Tous fe font déclarés, & vous qui jouiffez de ma confiance & de mon eftime, Lucile vous ne me dites rien,

L U C I L E.

Ofer me décider fur un choix qu'il n'appartient qu'à vous de faire, mon pere, trop de regrets fui-vroient mon imprudence. Cette liberté m'eft à charge. Je m'égare, je me perds dans l'examen des hommes répandus dans la fociété, & jugeant trop févérement les perfonnes que vous adoptez peut-être, je préfére l'obéiffance. C'eft la vertu de mon fexe; & elle convient parfaitement à ma fituation. Comment votre fille ne pourroit-elle pas aimer celui que vous aurez choifi pour fils? Nommez-le feulement, je lui trouverai des vertus.

M. D A B E L L E.

Aucun n'eft adopté; non, crois-en ton pere. Si j'écoutois mon cœur, tremblant, irréfolu, je n'oferois jamais prononcer fon nom. Je ferois plus févere que toi-même, & la tendreffe d'un pere furpafferoit encore ta délicateffe. Je ne vois que trop combien les mœurs, de jour en jour plus corrompues, rendent le plus heureux des liens, le plus difficile à former; mais enfin il eft un terme pour fe décider. Ne point trouver d'hommes avec qui tu cruffes pouvoir paffer ta vie, ce feroit faire un outrage à la fociété. Le jeune homme que tu aimeras, fut-il fans vertus, ne vivra pas long tems avec toi fans les connoître.

L U C I L E.

Mon pere, épargnez votre fille; vos louanges l'ont fait rougir.

M. D A B E L L E.

C'eft par elles que je t'encourage à t'en rendre encore plus digne. Lucile, quand je te loue d'avance de faire le bonheur d'un honnête homme, c'eft

que je suis sûr que tu le feras. Le rang & les richesses
ont à tes yeux comme aux miens de futiles chime-
res. Tu n'écouteras que la voix de ton cœur. Parle,
j'attends ton aveu.

LUCILE *avec embarras.*

Eh bien je dompte ma timidité. Nommez - moi
donc ceux qui se font déclarés. Si quelqu'un d'en-
tr'eux peut me décider , je...

M. DABELLE.

Mais personne n'ignore ce qui attire ici Dorimon , le jeune Voclair. Madame Desmare vient tous
les jours pour son fils ; M. Versal & le Conseiller se
suivent d'assez près. Ils t'ont donné tout le loisir de
les connoître , & chacun demande la préférence.

LUCILE.

Puis-je parler hardiment sur leur compte ?

M. DABELLE.

Il le faut , ma fille.

LUCILE.

Eh bien , je ne vois dans aucun d'eux celui que je
nommerai mon époux. M. Dorimon se déguise trop
à mes yeux. On voit qu'il tremble de se montrer tel
qu'il est. Il me semble appercevoir en lui un carac-
ère qu'il n'est pas facile d'approfondir , & je redoute
un homme impénétrable. Pour le jeune Voclair , il
st tout superficiel. Il ne m'a pas encore dit un mot
qui serve à me prouver qu'il puisse penser. Le fils
de Madame Desmare est un homme trop indécis pour
que je penche jamais en sa faveur. Je l'ai vu dans une
heure changer trente fois d'avis au gré de ceux qui
se jouoient de sa volonté. Le Conseiller a eu le malheur

de se voir trop jeune en place ; il n'a rien appris ; il tranche, décide, & se croit juge né de l'Univers : je l'ai trouvé trop grave pour de petites choses, & trop inconsequent pour des affaires où l'intérêt général se trouvoit compromis. Quant à M. Versal, il ne m'a fait jusqu'ici sa cour qu'en paroissant sous un habit plus élégant que celui de la veille ; il semble n'exister que par ses belles dentelles & par les fleurs de sa veste. Enfin j'ai beau vouloir trouver un mérite qui m'attache, je ne vois autour de moi qu'un éclat emprunté. Est-ce ma faute si vous m'avez rendue si difficile. Celui qui vous appellera son pere ne doit-il pas posséder quelqu'une de vos qualités.

M. DABELLE.

Peut-être y suis-je, le Comte de Stal ; qu'en penses-tu ?

LUCILE *avec étonnement.*

Le Comte, mon pere !

M. DABELLE, *en souriant.*

Voici sa lettre, vous me dicterez la réponse. (*Lucile reçoit la lettre & la lit.*) Mais dis-moi tout de suite si c'est lui. Devenir Comtesse est un appas à faire tourner une tête !

LUCILE, *avec noblesse.*

Heureusement, tout ce clinquant ne m'éblouit pas. Je me représente le Comte dépouillé de ses titres & de ses biens. Je ne vois pas qu'il mérite de l'emporter sur ses rivaux. Je ne l'aime point.

M. DABELLE.

Et tu n'aimerois personne ?

LUCILE, *héfitant.*

Non, mon pere.

M. DABELLE, *d'un ton affeûueux & ferme.*

Lucile! me parlez-vous vrai ?

LUCILE.

Vous me preffez... Vous m'arrachez un fecret...
Mais comment réfifter à l'afcendant de vos bontés ?..
Comment vous taire... Il faut vous obéir.

M. DABELLE.

S'il eft des fecrets que tu ne puiffes épancher dans
le fein d'un pere qui te traite en ami , je ne demande
plus rien.

LUCILE, *avec tendreffe.*

Je n'aurai jamais d'autre confident que vous. Vous
me guiderez, vous me confolerez ... Je crains d'aimer... Je crois que j'aime... Je fais un effort fur
moi-même, c'eft le plus grand, fans doute... Mais
du moins n'oubliés pas...

M. DABELLE.

Eh , ma fille, méconnoîtrois-tu ton pere?

LUCILE.

Le cœur me bat : pourquoi donc fuis-je fi trem-
blante ?

SCENE III.

м. DABELLE, LUCILE; BONNEMER.

(Bonnemer eft entré à pas lents, le front baiffé, les bras croifés):

м. DABELLE.

Voici Bonnemer. (*à part.*) Il paroît affligé. (*haut.*) Qu'avez-vous mon ami ?.. Vous me paroiffez tout troublé. Puis-je favoir quel chagrin ?..

BONNEMER, *d'un ton trifte.*

' Ah! Monfieur, on eft bien trompé dans ce monde. Il faut renoncer déformais au doux plaifir de la confiance. Tel qui porte une phifionomie honnête porte une phifionomie menteufe. Dans ce fiécle la jeuneffe eft impénétrable. Cette Ville malheureufe eft fi propre à favorifer, à entretenir fes défordres. Qui l'eut dit ?.. Jenneval... Malheureux jeune-homme!

м. DABELLE *furpris.*

Eh bien Jenneval? (*à fa fille qui fait un mouvement pour fe retirer*). Demeurez ma fille, nous devons reprendre notre entretien.

BONNEMER.

Monfieur, j'ai connu fon pere. Nous fumes amis trente ans. Il mourut dans mes bras. Il m'a recommandé fon fils en expirant. Veillés fur lui, me dit-il, guidez fa jeuneffe; il fera fufceptible de gran-

des paſſions ; préſervez-le des malheurs qu'elles enfantent. Se pourroit-il qu'une ſource auſſi pure ſe fût
corrompue, qu'il eut dégéneré de ce ſang vertueux!..
Il paroiſſoit ſi ſage, ſi rangé !.. Non, c'eſt une choſe
qui me paſſe encore ... Malheureux Jenneval!

L U C I L E *à part.*

O Ciel ! Que va-t-il annoncer ?

M. D A B E L L E.

Eh bien, qu'a-t il ſait Jenneval ? Poſſedez-vous.

B O N N E M E R.

Ah, vous allez être pénêtré de douleur. Ce jeune-
homme dont vous m'avez vu l'ami ſi zélé, n'eſt plus
digne de mon amitié. Il m'a trahi.

M. D A B E L L E.

Comment ?

B O N N E M E R.

Je l'avois chargé d'aller recevoir cette lettre de
change que je dois rembourſer demain en votre nom.
Eh bien Monſieur, j'ai des nouvelles poſitives qu'il
a reçu l'argent, & depuis ce jour je ne l'ai point revu.

L U C I L E *à part.*

Malheureuſe ! cache ton trouble.

M. D A B E L L E *froidement.*

Mais ne m'avez-vous pas dit qu'il étoit à la Campagne, chez ſon oncle depuis quatre jours ?

B O N N E M E R.

Et voilà ma faute. J'ai voulu cacher quelque-tems
la ſienne. J'ai déguiſé la triſte vérité pour lui donner le tems du repentir. C'eſt moi qui ai introduit

Jenneval dans cette respectable maison, l'asyle des vertus. Il obtint votre estime, je voulois la lui conserver; mais hélas! c'est un jeune homme perdu. Qu'il me cause de chagrin! Que je voudrois faire revenir ce tems heureux où dans l'âge de l'innocence, il n'écoutoit que ma voix! J'ai cru que la seule idée de mes inquiétudes le rameneroit vers moi; mais on l'a vu promener ses pas dans une de ces maisons écartées, où la débauche sans doute entretient ses tristes victimes. Jugez si je dois encore l'adopter pour mon ami, & si je n'ai pas des larmes à verser sur cette ame honnête qu'un moment a corrompue. Je reculois toujours, enfin il a bien fallu vous tout avouer.

M. DABELLE.

Ce que vous venez de m'apprendre m'étonne & m'afflige. Je lui ai connu de la droiture, des mœurs; cette action est bien contraire à son penchant naturel; mais la fougue, l'emportement, la jeunesse, l'exemple... On l'aura séduit, mon cher Bonnemer, on l'aura séduit. Vous avez besoin de courage & de vigilance. Agissez, mais prudemment; taisés cette avanture. Un mot prononcé dans la premiere chaleur du ressentiment a fait quelquefois un tort irréparable; deux mille écus ne sont rien, mais perdre un cœur sensible & bien né, voilà ce qu'il est important de prévenir. Souvent une imprudence a reçu dans la bouche de la malignité tous les caracteres du crime, & l'on a flétri pour le reste de ses jours un homme vertueux, mais faible. Tout en l'observant ayez l'air de vous reposer de sa conduite sur lui-même, marquez-lui encore de l'estime; c'est un bon moyen pour éloigner les cœurs bien faits de ce qui pourroit les en rendre indignes ; s'il revient repentant, il aura toujours les mêmes droits fur mon cœur... Courez, arrachez-le au vice, il reconnoîtra votre voix, il fentira le remords & nous le retrouverons tel que je l'ai connu.

BONNEMER, *en regardant Lucile.*

Ah ! Mademoifelle, quel pere, & pour moi quel ami ! (*à* ʍ. *Dabelle*) Votre générofité réveille la mienne. La pitié fuccéde à mon indignation. Comment ne ferois-je point indulgent ; c'eſt vous qui m'en donnez l'exemple.

ʍ. DABELLE,

Les momens font chers. Prévenez les progrès rapides de la corruption ; mais couvrez fa faute du voile le plus fecret. Faites lui même entendre que je n'ai rien appris. Que la honte s'éveille dans fon ame fans qu'il connoiffe l'affront ; car quiconque fe voit une fois avili n'a plus le courage de rentrer dans le fentier de la vertu.

BONNEMER.

Ah ! Que ne peut-il vous entendre !

SCENE

SCENE IV.

M. DABELLE, LUCILE.

M. DABELLE.

MA fille, cet honnête-homme nous a troublés... Mais tu pleures, tu t'attendris sur cet infortuné qui s'égare... Va, il peut se relever de sa chute & tirer un plus grand éclat de sa faute même.... J'ai vu tes larmes, embrasse-moi, & surtout ne me déguise plus rien.

LUCILE.

J'étois prête à céder à vos instances mon pere. Imprudente! j'aurois prononcé peut-être un nom qui l'instant d'après m'eut fait rougir... Non, souffrés que je vous rende le droit qui vous appartient; est-ce à moi de choisir quand vous-même êtes embarrassé... Que d'exemples effrayans pour une fille craintive!.. Vous le voyez, Jenneval & tant d'autres dont la conduite paroissoit exempte de blâme... La jeunesse se corrompt de plus en plus; & comme vous le disiez il y a un instant, le mariage dans ce siécle, est un nœud trop dangereux à former... Laissez-moi toujours vivre auprès de vous. Je vous en conjure au nom de vos bontés... Croyez que le plaisir de vivre avec un pere peut balancer celui d'avoir un époux. Pourquoi tant craindre d'un avenir dont le ciel prendra soin ?

M. DABELLE.

J'interprête ton silence, ma chere fille, il m'inté-

B

reffe, il me touche..., Va, mon enfant, je fai qu'il eft un âge, qu'il eft des paffions... Mais elles ne feront pas plus fortes que l'amitié, que les principes d'honneur, que la vertu... Calme-toi.

LUCILE.

Pardonnez à votre fille...

UN DOMESTIQUE, *entre.*

Monfieur, M. Jenneval demande à vous parler en particulier.

LUCILE, *à part.*

Je ne fupporterai jamais fa vue... Ah mon pere, fouffrez que je me retire.

M. DABELLE.

Allez, ma fille.

LUCILE, *fait deux ou trois pas & revenant elle dit.*

Cependant fi vous étiez fâché contre moi, j'aimerois mieux vous dire tout.

M. DABELLE.

Va, mon enfant, ton cœur ne peut être longtems à mes yeux une énigme difficile. (*feul.*) En croirai-je mes foupçons! Ciel! change fon cœur, ou du moins rends digne du fien le cœur qui s'eft égaré.

SCENE V.

m. DABELLE, JENNEVAL.

JENNEVAL, *entre en regardant s'ils sont seuls.*

MONSIEUR, j'ai long-tems balancé la démarche que je viens faire... Je marche en tremblant, je parcours avec effroi cette maison qui m'est si connue... Coupable, je n'ose lever les yeux vers vous... Ah Dieu qu'il est cruel de porter la confusion sur le front & le remords dans le cœur... J'ai été un ingrat, j'ai trahi la confiance d'un bienfaiteur, j'ai mis votre ami, le mien, dans le plus cruel embarras. Plaignez-moi, plaignez un malheureux jeune-homme qui chérit l'honneur & qui a fait une action déshonorante. Mais quelque étonnante que vous paroisse ma conduite, je ne puis accuser ici l'emploi que j'ai fait de cette somme, je la dois, c'est une dette sacrée ; c'est la première sans doute que j'acquiterai... permettez qu'à l'instant même je vous offre des engagemens...

m. DABELLE.

Quels sont ces engagemens, Monsieur ?

JENNEVAL.

De vous signer une obligation dont vous me dicterez la forme, je suis encore en tutelle, mais bientôt j'espere...

m. DABELLE.

Jenneval, répondez-moi, & osez me regarder.

B ij

Quelque affaire fecrette ; quelque accident imprévu
vous auroit-il forcé à détourner le cépot qui vous
étoit confié ?

JENNEVAL.

Rougirois-je devant vous fi je n'étois que malheureux ; viendrois je le front baiffé fubir l'affront ?..
Vous me pardonneriez Monfieur, que je ne me pardonnerois pas à moi-même. Je pourrois inventer ici
quelque excufe pour colorer ma baffeffe ; mais ma
bouche ne fait point proferer un menfonge ... N'attendez de moi aucun autre aveu. Dans un trouble
inexprimable & nouveau pour mon cœur, je me
trouve emporté malgré moi ; voilà tout ce que je
puis vous dire.

M. DABELLE.

Emporté malgré vous, foible jeune-homme ! Vous
le croyez... Ajoutés un pas de plus à la démarche
que vous venez de faire & je vous réponds de l'eftime
univerfelle. Votre fenfibilité a befoin d'un frein puiffant qui la reprime. Si les paffions nous égarent, la
voix d'un ami peut nous remettre dans le fentier que
notre aveuglement abandonnoit. Il peut nous guérir, nous confoler ... ma maifon eft toujours à vous,
cher Jenneval, demeurez-y, & puiffe l'air qu'on y
refpire faire rentrer dans votre ame le calme & la
tranquillité de la raifon.

JENNEVAL, *du ton le plus touché.*

Je me fens indigne de l'habiter déformais. Je ne
fuis pas né pour ce paifible azile. Son fouvenir ne
me quittera point, mais il fera toujours comme un
poids accablant qui pefera fur mon cœur... Par
pitié oubliez moi... Ne me laiffez pas voir tant de

bonté, faites plutôt éclater votre indignation...Aban-
donnez un homme qui s'est avili, & ne songe_ qu'à
ce qu'il vous doit.

M. DABELLE.

Ce que vous me devez n'est rien en comparaison
de ce que vous vous devez à vous même... Vous
parlez d'engagemens... Si vous ignoré ceux que
vous avez contractés avec moi, malheur à vous ;
votre dette ne s'acquitera jamais ; vous avez de la
grandeur d'ame, ne la poussez point jusqu'à l'orgueil. La vertu n'est pas bornée à ne commettre aucune
faute, mais à réparer ce les qu'on a commises. Con-
sultez l'honneur & vos devoirs & venez me parler
ensuite ... Vous ne m'avez vu ni chagrin ni severe ;
si votre cœur s'obstine à vouloir conserver des secrets
aussi mistérieux que les vôtres... Vous les garderez,
Monsieur. (*Il fait quelques pas pour s'en aller & revient
en disant.*) Jenneval, écoutez. Vous n'avez rien perdu de mon estime & de mon amitié ; je vous le répete.
Attendez ici Bonnemer ; un jeune-homme comme
vous, jetté dans le tourbillon du monde & des séductions, a besoin d'un ami sage & prudent & je
me plais à penser que vous mérités encore d'avoir un
tel ami.

S C E N E VI.

J E N N E V A L, *seul.*

J'ÉTOIS prêt de tomber à ses pieds. Qui m'arrétoit?.. Rosalie, Rosalie, laisse-moi respirer. Tu maîtrises tout mon être. Tout ce qui n'est pas toi n'a plus d'empire sur mon ame... Cruelle tu semblois me promettre le bonheur... Hélas! au lieu de te rendre heureuse, je me perds avec toi; c'est pour toi seule que j'aspire à des biens dont je savois me passer... Que le séjour de cette maison me paroit tranquille!.. Où est le tems que je pouvois l'habiter sans rougir?.. Où retrouver ce calme délicieux qui m'accompagnoit près de Lucile?.. Quel doux sentiment me faisoit tressaillir à l'aspect de son pere?.. Je le regardois déja comme le mien... Sa candeur, ses vertus... Ai-je oublié jusqu'à sa tendresse? Rosalie, Rosalie, ah, pourquoi l'amour que tu m'inspire m'emporte-t-il tout-à-coup si loin de mes devoirs?.. Lucile ne m'a jamais rendu coupable.. Fuyons ces lieux où chaque objet me fait un reproche... Souveraine de mon cœur, l'ascendant de tes charmes m'entraine... Je ne puis te résister... dispose de mes jours... Heureux ou malheureux mon sort est de vivre à tes genoux.

Fin du premier Acte.

ACTE II.

La Scène repréfente l'appartement de Rofalie. L'ameublement
eft neuf. Une toilette eft toure dreffée : Rofalie eft dans
un déshabillé élégant.

SCENE PREMIERE.

ROSALIE, JUSTINE.

ROSALIE, *en fe regardant dans le miroir.*

COMMENT me trouves-tu ce matin ? J'ai peu
dormi, mes yeux ont, je crois, perdu quelque
chofe de leur vivacité.

JUSTINE.

Oh, je vous conseille de vous plaindre. Jamais
vos grands yeux noirs n'ont été plus doux & plus
brillans, & je ne fais quel air de tendreffe répandu
fur votre phifionomie la rend charmante, & votre
fourire... Vos yeux font tout ce qu'ils veulent faire...
Hier encore, Jenneval les contemploit avec un tranfport fi vrai & toujours fi nouveau que je prenois du
plaifir à le confiderer dans l'extafe de l'amour.

ROSALIE.

De forte que Jenneval te paroit toujours beaucoup
amoureux de moi ?

B iv.

JUSTINE.

A mesure qu'ils jouissoient, ses regards devenoient plus avides ; ce jeune-homme brûle d'une flâmme bien sincere.

ROSALIE.

Il est aimable, je l'avoue ; mais il a un défaut.

JUSTINE.

Lequel, s'il vous plaît ?

ROSALIE.

Mais c'est de n'avoir pas seulement dix mille écus de rente. Il a le cœur tout neuf & l'esprit romanesque. J'ai soin d'entretenir cette ardeur respectueuse. Il est homme à grands sentimens, & rien n'est assurément plus étrange dans le siécle où nous vivons. Il ne manque point d'esprit, mais il est ombrageux, timide, indécis, quoique d'un caractère sensible. Cependant il est héritier d'une assez grosse fortune, il est docile à ma voix, il m'idolâtre. Allons, toute réfléxion faite, je dois vivre avec lui.

JUSTINE.

Vous avez raison. Avec votre esprit & votre beauté que chacun admire, profités de vos jours brillans pour vous assurer un jeune-homme libéral & passionné. Que mon exemple vous serve de leçon. Une maladie de six mois m'a volé tous mes attraits & avec eux mes plaisirs & ma fortune. Autrefois l'on me servoit, & ce m'est un bonheur aujourd'hui de vous servir.

ROSALIE.

Va, les hommes sont nos plus grands ennemis. Leurs soins sont intéressés & barbares, ils sont tous ingrats

& ils ofent encore nous méprifer ; une guerre fecrette
regne entre nos deux fexes, ce font des tyrans qui
veulent nous ployer fous leur joug, mais plus foibles
nous devons avoir recours à l'artifice, & paroître le
contraire de ce que nous fommes ; ainfi nous nous
vengeons... Puifque je maitrife Jenneval, je puis
efpérer qu'enfin... Oui, de la referve fans dureté,
quelques nuances fines d'amour, mais fans foibleffe ;
voilà tout ce qu'il faut pour le foumettre... Mais
il y a une heure que je devrois être en état de paroître... Quand Jenneval viendra, qu'on l'annonce...
Enfin, voici Brigard... Allez.. (*Juftine fort.*)

SCENE II.

ROSALIE, BRIGARD.

(*Il doit avoir l'air d'un homme qui a paffé la nuit.*)

BRIGARD.

J'AUROIS donné cette nuit ma vie pour une obole.
J'ai joué d'un malheur effroyable ; j'ai perdu tout
ce qu'on pouvoit perdre... J'ai du noir dans l'ame.

ROSALIE, *avec familiarité.*

Libertin ! Tu n'es donc pas trop fatisfait de ta
journée ? Et depuis as-tu été aux informations ?

BRIGARD.

Oh, je n'y ai point manqué. Jenneval n'eft point
riche par lui-même comme tu l'as fort bien deviné ;
mais il a un oncle opulent dont il eft l'unique hé-

ritier. Le jeune-homme eſt encore ſous la tutelle de
cet oncle qui vit à la campagne à quatre lieues d'ici.
On me l'a peint comme un homme fort bizarre,
dur...

ROSALIE.

Cet oncle eſt donc bien riche ?

BRIGARD.

Oui ; de plus avare.

ROSALIE.   •

Et combien de tems peut-il vivre encore ?

BRIGARD.

Mais dix à douze années. Il peut pouſſerjuſques-là.

ROSALIE.

Dix à douze années ! O ciel !

SCENE III.

ROSALIE, BRIGARD, JUSTINE.

JUSTINE.

MONSIEUR Jenneval, Mademoiſelle.

ROSALIE, à Brigard.

Vite, paſſe de l'autre côté.

BRIGARD, en s'en allant.

Au revoir.

SCENE IV.

ROSALIE, JENNEVAL, JUSTINE.

(Rofalie prend un air riant & agréable. Jenneval la falue, la regarde tendrement & lui baife la main.

JENNEVAL.

AH! chere Rofalie, je ne trouve qu'ici le bonheur & la joye... Non, jamais je n'ai eu plus de befoin de me trouver auprès de vous.

ROSALIE.

Mon cher Jenneval, qu'avez-vous? Et que vous feroit-il arrivé ?

JENNEVAL.

Rien que je n'euffe dû prévenir... Rofalie, je voudrois être feul un moment avec vous.

(Rofalie fait un figne à Juftine qui fort, & fait affeoir Jenneval à coté d'elle. Jenneval continue.)

Me croirez-vous, chere Rofalie. Je vous répete que je vous aime, je vous le dis du fond de l'ame, & je venois dans le deffein de rompre avec vous pour jamais.

ROSALIE.

Avec moi, ciel ! Comment ?

JENNEVAL.

Mon cœur eft fur mes levres. Chere Rofalie, retenez vos larmes... Ecoutez-moi... Je ne puis parler.

ROSALIE.

Vous m'étonnés, vous m'inquiétés ... Jenneval que voulez-vous dire ?

JENNEVAL.

Que je suis un malheureux indigne de vous & de l'estime des hommes... Vous allez rougir de m'entendre ... Mais avant que l'aveu échape de ma bouche, dites, m'aimez-vous, Rosalie ? Si vous ne m'aimés pas avec passion je suis perdu.

ROSALIE.

Pouvez vous insulter à ma tendresse par un semblable doute ? Ah ! Jenneval si j'ai évité quelque fois vos regards, vos transports, c'est qu'un cœur tendre a besoin du secours d'une vertu fiere. Le ciel en me donnant la sensibilité, m'a fait là un présent bien dangereux ... Oui, vous êtes un ingrat, si vous pensés ce que vous dites.

JENNEVAL.

Je ne doute plus de votre amour, mais puisque ce cœur est à moi, il me pardonnera ... Je ne dois plus hésiter ... Lorsque je vous vis pour la premiere fois, Rosalie, ce fut de ce moment que je sentis la douleur de n'être pas né riche. Cependant n'écoutant que cet amour dont vous daignés m'assurer encore, vous vîtes en moi seul l'heureux mortel à qui vous accordates votre confiance. Mon bonheur eut été parfait si ma fortune présente eut répondu à mes desirs. Je n'eus jamais la force de vous avouer que mes moyens étoient au-dessous de ce que vous pouviez attendre ; mais ne pouvant en même tems vous voir former d'inutiles souhaits, j'ai tout tenté pour vous

prouver mon amour ; je fuis loin de vanter mon
zele ; que dis- je ? C'eſt à vos pieds que je viens rougir de m'etre deshonnoré; je vais perdre votre eſ-
time, mais fouvenez- ous que fans l'amour le plus
extrême , je ferois encore innocent.

R O S A L I E.

Et de quel crime êtes-vous donc coupable?

J E N N E V A L.

J'ai trahi la confiance d'un homme reſpectable que
je n'oſe plus nommer mon ami... Ces deux mille
écus que je remis entre vos mains , il y a huit jours
tant pour fournir à cet ameublement qu'à notre dé-
penſe ; cet argent n'étoit point à moi... J'ai tâché
de dérober uſqu'ici à vos yeux les remords qui me
tourmentoient.. J'ai des eſpérances ; mais pour le
moment je me trouve fous la loi d'un tuteur ... Eſt-
ce aſſez m'humilier à vos yeux?.. A préſent oſez
me répondre, m'aimez-vous encore ?

R O S A L I E.

Vous croyés donc que c'étoient ces richeſſes qui
m'attachoient à vous ... Vous me faiſiez cette injure, vous Jenneval ! Ah reprenez vos dons. Si je
les ai acceptés, c'eſt parce que c'étoit votre main qui
me les offroit. Je n'ai point eu cette fauſſe délicateſſe qui tient à l'orgueil ou à l'indifférence. Je n'ai
point rougi de tout partager avec celui à qui j'avois
donné mon cœur... Oui, je fuis piquée , mais c'eſt
de votre défiance. Pourquoi ne m'avez vous pas parlé avant de commettre une telle imprudence , je vous
l'aurois épargnée... Je vous aime toujours Jenneval,
ouvrez moi votre cœur : quels ſont aujourd'hui vos
deſſeins ?

JENNEVAL.

Sans cet aveu qui me charme & qui me rend pour
toujours à vous, j'allois fuir pour ne reparoître jamais
à votre vue. Pardonnez , je vois que vous ne m'ai-
mez que pour moi ... Je sors de chez ce digne homme
que j'ai trompé. Guidé par le repentir , je me suis
offert à toute l'indignation que je meritois. Il m'a
parlé avec bonté & j'ai mieux apperçu toute la honte
qui m'environnoit. Je ne puis la supporter plus longtems. (*avec feu.*) Je suis sûr de toute ta tendresse,
chere Rosalie ... Eh bien ayons ce courage que l'a-
mour inspire. Que l'amour nous tienne lieu de richesses coupables... Est-il de plus doux plaisir que
la paix de l'ame ? Allons habiter un simple réduit
où nous gouterons le bonheur sans remords. Qu'importe un séjour moins brillant à deux cœurs qui
s'aiment !.. Je vendrai ces meubles qui me reprochent
ma honte .. Je restituerai la somme que j'ai détour-
née. Un jour viendra, Rosalie , que le ciel couron-
nera notre constance. Pour vivre obscurs, nous n'en
vivrons pas moins heureux. Que dis-je ? Rentré en
grace avec cet ami qui m'aime & que j'estime , je
n'aurai plus de remords & tous nos jours couleront
paisibles & fortunés.

ROSALIE.

Mon ami , vous parlés de remords , comme si vous
étiés un grand criminel. Je vous ai écouté patiem-
ment. J'estime la noblesse de votre ame , mais son
excessive sensibilité vous abuse. Pour avoir commis
une faute , au fond très réparable , faut-il connoitre
le désespoir ? Vous poussés toujours les choses à l'extréme. Cela est dans votre caractère , & c'est un dé-

faut. Songeons paiſiblement aux moyens d'accorder ce que vous devez à l'honneur : mais en même tems ce que vous vous devez à vous-même pour votre propre félicité. Ne m'avez-vous pas dit que vous aviez un oncle aſſez riche de qui vous attendiez un jour?...

JENNEVAL.

Ah! De qui me parlez-vous ? Son nom ſeul m'inſpire l'effroi. Si jamais il découvroit notre liaiſon, je ne ſaurois comment me dérober à ſon reſſentiment. Homme ſévere, infléxible, à force de vertus.... Non Roſalie, jamais je n'aurai recours à lui, & ce qui doit hâter encore plus une juſte reſtitution, c'eſt la crainte trop bien fondée que ma faute ne parvienne bientot à ſon oreille.

ROSALIE.

Vous ne m'avez point entendue Jenneval. De grace n'outrés rien. Point de déclamation. Répondez-moi : a-t-on paru bien furieux contre vous chez M. Dabelle?

JENNEVAL.

Je vous l'ai dit : on m'a reçu avec trop d'indulgence & c'eſt ce qui me déchire le cœur.

ROSALIE.

Eh bien, on ne vous voit donc pas ſi coupable que vous vous imaginés l'étre. En homme habile, profités de cette bienveillance. Ne ſauriez-vous prendre des arrangemens avec ces perſonnes qui vous connoiſſent & vous eſtiment ? Elles n'ignorent pas que l'héritage de votre oncle ne ſauroit vous manquer. Il n'eſt pas immortel. Un emprunt légitime n'eſt défendu, ni par les loix, ni par l'honneur. Ce conſeil que je vous donne, au moins, Jenneval,

vous le verrez par la fuite, eft parfaitement défin-
téreffé. Jeune, & dans l'âge où vous devez paroître,
laifferez-vous échapper ce tems heureux qui fuit &
ne revient plus. Vous ne me ferez pas l'injure de penfer que j'aye ici quelque vue d'intérét... (*du ton le*
plus tendre.) Va, mon cher Jenneval, un réduit
obfcur, une vie folitaire, une chaumiere dans un
village, tout me fera égal, pourvu que je la partage avec toi... Je veux ton bonheur, & je t'aime
trop pour y renoncer; mais toi, Jenneval, tu n'es pas
affez décidé.

JENNEVAL.

Parlez, & je vous jure de l'être.

ROSALIE.

Garde-toi donc de former le projet de vivre dans
cette médiocrité honteufe, qui attire à coup fûr le
fourire du mépris. Crois-moi, je connois le monde.
Il pardonne tout hors les ridicules, & la pauvreté eft
le plus grand à fes yeux. Si tu ne t'y préfente pas
avec un certain éclat, mieux vaudroit n'y jamais
paroître. Le monde juge l'habit, la demeure, la dé-
penfe: tout cela tient à l'homme. Le monde peut
juger fauffement, mais il juge ainfi. Ufe de toutes
les reffources que tu peux avoir. Quelque argent
anticipé fur tes revenus futurs, au lieu de ren-
verfer ta fortune ne peut que l'établir plus fûre-
ment. Les gens riches ou ceux qui paroiffent l'être,
s'attirent les uns les autres & forment un corps
féparé. Un étranger n'y eft point admis, quelque
mérite qu'il ait d'ailleurs. Il faut fémer l'argent
pour le recueillir enfuite. Sans un coup décifif,
Jenneval, vous ne ferez que languir, & vous per-
drez

diez avec vos plus belles années jusqu'à l'espoir de
vous faire un état. C'est donc une sagesse, une prudence; je dirai plus, une économie de forcer le
crédit en cas de besoin. Mon bon ami, il n'y a donc
qu'une terreur enfantine, ou une inexpérience ab-
solue qui ait pu vous empêcher jusqu'ici d'avoir
recours à ces moyens utiles. Je ne vous prescris point
la prodigalité. Je désire seulement que vous vous
mettiez en état de vous faire honneur de ce qui vous
appartient. Si vous avez des amis, leur bourse doit
vous être ouverte. On s'intrigue, on s'arrange. On
trouve un peu d'un côté, un peu de l'autre. Un
jour vient qui paye le tout. Que dis-je ? Le jour
où vous sortirez de tutelle n'est pas si éloigné. La
nation est partagée en deux portions. En gens qui
prêtent & en gens qui empruntent. Pourquoi rou-
giriez-vous de faire ce que fait la moitié du monde ?

J E N N E V A L.

Je sens la force de vos raisons. Mais, soit igno-
rance, soit timidité, soit répugnance secrette, mon
cœur a toujours hésité.

R O S A L I E.

Si vous m'eussiez parlé plutôt, au lieu de com-
mettre une telle étourderie, j'aurois pu vous indi-
quer....

J E N N E V A L.

Se peut il ? J'oserois espérer ...

R O S A L I E.

Je veux vous laisser un peu de regret d'avoir manqué de confiance envers moi, de ne m'avoir pas ouvert

C

votre ame ; d'avoir pu faire un feul pas, fans en faire part à celle qui vous aime, à celle qui ne refléchit que pour vous rendre libre & heureux.

JENNEVAL.

Ah divine Rofalie !.. Pardonnez ...

SCENE V.

ROSALIE, JENNEVAL, JUSTINE.

JUSTINE.

MADEMOISELLE, une perfonne demande M. Jenneval, & s'obftine à vouloir lui parler.

ROSALIE.

Mais avez-vous dit qu'il n'étoit point ici ?... Ne laiffez point entrer.

JENNEVAL, *furpris.*

Qui viendroit ? Et d'où pourroit-on favoir ?... Mais j'entends fa voix... O Ciel ! c'eft Bonnemer, c'eft mon ami... Non je ne puis... Il faut que je l'entende...

ROSALIE, *d'un ton artificieux.*

Il eft trop jufte ... Nous nous reverrons, mon cher Jenneval.

(*Rofalie fe retire dans un Cabinet voifin*).

✠

SCENE VI.

BONNEMER, JENNEVAL.

BONNEMER, *derriere le Théatre.*

IL eſt ici, vous dis-je,.... Je le ſçais..... Je veux lui parler....J'entrerai...(*avec exclamation*). Ah, cruel ami, que vous me donnez de peine !.. Etes-vous bien réſolu à déſoler tous ceux qui vous connoiſſent ?.. Jenneval, cher Jenneval, pourquoi n'êtes-vous pas déja dans mes bras?

JENNEVAL.

C'eſt que je me rends juſtice... Mes peines ſont pour moi... Laiſſez-moi, de grace...Votre préſence me fait trop ſouffrir... Un jour nous pourrons nous revoir...Mais pour aujourd'hui, je vous le dis ſans détour, je ne veux entendre ni reproche ni conſeil.

BONNEMER.

Ami aveugle, mon amitié t'importune! Tremble à la vue du précipice, lorſque ma main vient t'arrêter ſur le bord. Voilà donc pour qui tu t'égares, pour qui tu abandonnes ceux qui te furent ſi chers! c'eſt pour une femme mépriſable....

JENNEVAL.

Arrêtez Bonnemer, n'inſultez pas à l'objet que j'aime. Si vous venez ici pour l'outrager, je conſens plutôt à ne plus vous voir.

C ij

BONNEMER.

Je fortirai, jeune infenfé. J'abandonnerai mon ami, puifqu'il le veut. Je retournerai fans lui chez le généreux Dabelle, chez ce pere refpectable qui t'aime, qui te plaint, qui t'attend, qui, à l'exemple de fa fille, verfera plus d'une larme, en apprenant que tu rejettes jufqu'aux foins de l'amitié. Adieu, embraffe-moi du moins pour la derniere fois.

JENNEVAL *ému, & lui prenant la main.*

Non... Demeurez un inftant.

BONNEMER *avec le cri de l'ame.*

Eh j'ai perdu ton cœur, ta confiance. Tu t'es caché de moi, & ce fut-là l'origine de tes défordres. Ta folle paffion t'expofe à de plus grandes fautes encore que celles que tu as commifes. Je fuis toujours le même; & toi, Jenneval, qu'es-tu devenu? Pourquoi ton cœur eft il changé? Dis-moi donc qu'eft devenu mon ami?

JENNEVAL.

Ah! fi tu l'es, dépofe donc cette âpre auftérité, qui condamne toujours & qui ne veut rien fentir. Tu ne connois pas celle que j'adore; fi tu l'avois vue... Tu fais que dans cette honorable maifon, où l'on ne m'a que trop bien reçu à ta recommandation, je pouvois être le plus heureux des hommes. Les graces, les vertus, les charmes de Lucile, m'attacherent à tous fes pas. Si ce n'étoient point des defirs auffi brulans que ceux qui me confument, c'étoit du refpect, de la confiance, de l'amitié, une admiration tendre & refpectueufe, une forte de confiance douce & attrayante.. Je croyois l'aimer... Mais que depuis un mois j'ai fenti la différence de ce tendre intérêt qu'inspire la douceur, & de ce feu tumultueux qu'allume la beauté ! As-tu connu cet afcendant impérieux ? Dès l'inftant que j'apperçus Rofalie je reçus un nouvel être... Il falloit mourir ou tomber à fes genoux, j'y tombai & je ne vis plus qu'elle dans l'univers, & la vie ne me parut un bienfait des cieux que parce que déformais je pouvois en confacrer tous les inftans fous fes yeux... Je t'ai fui dans ces momens, craignant d'être guéri, redoutant tes confeils... Je les redoute encore... Ne me force pas à devenir plus coupable... Furieux que je fuis, je facrifierois l'amitié même à l'amour. Pardonne, je t'ouvre mon cœur. Il eft en proie aux tranfports les plus violents... Eh pourquoi tant déclamer contre un tel penchant ? Il fuffit d'abandonner un amant malheureux aux tourmens fecrets qui le tyrannifent... Cher Bonnemer, je crois cependant que je ferois fortuné fi je jouiffois des biens que la providence m'a accordés. Je les partagerois avec l'objet qui me fait chérir l'exiftence, mais un oncle en me refufant ce que j'avois droit d'attendre a été le premier auteur de ma faute... Tu connois fon humeur intraitable... Je ne lui expoferai point des befoins qu'il ne comprendroit pas. Les plus chers fentimens de mon cœur font oppreffés fous fa tirannie... O, mon ami, j'ai voulu être libre en aimant, & je fens que la main de la néceffité m'a chargé de chaines encore plus péfantes.

BONNEMER.

Cette paffion, fondée fur les fens, ne te caufera que du trouble & du défefpoir. Crois moi, Jenneval, il ne tient qu'à toi de brifer tes liens ; le veux-tu ?

JENNEVAL.

Que tu connois peu l'amour, fi tu penfes qu'on puiffe ainfi i'affujettir! Moi! que je renonce au plaifir d'être aimé... Ah!.. Il eft trop fait pour ce cœur tendre & qui le goute pour la premiere fois... Un orage violent s'eft élevé dans mon ame, & malgré mes combats, ma honte & ta douleur, jamais je n'ai fenti fi vivement l'avantage d'être né fenfible. Crois-moi, il eft affreux de vivre fans aimer, & lorfque notre cœur rencontre l'objet heureux qui le captive, ami, c'eft le Ciel qui l'amene fous nos regards pour achever notre bonheur. Nous y refufer n'eft plus alors en notre pouvoir?

BONNEMER.

Ce n'eft point le fentiment de l'amour qui eft criminel, c'eft l'objet que tu as choifi... Ah! Si Lucile avoit fixé ton choix, tous les cœurs y auroient applaudis. Ta félicité feroit pure, aucun nuage ne la troubleroit. Au plaifir que donne l'amour, fe joindroit celui de l'approbation publique. Elle eft né-ceffaire, elle complette le fentiment du bonheur. Qu'il eft trifte d'être obligé de juftifier fon penchant fans pouvoir efpérer qu'on nous le pardonne!

JENNEVAL.

Que m'importe l'opinion publique! elle eft injufte. Je n'écouterai que la voix qui commande au fond de mon cœur; elle me parle, elle me raffure; elle me dicte de nouveaux devoirs... J'aime... Si je pouvois difpofer de ma main, j'irois de ce pas la lui affurer folemnellement aux pieds des Autels... Il faut que des nœuds éternels nous enchaînent l'un à l'autre... Je ne ferai heureux que lorfque je pourrai l'avouér & la montrer à tous les yeux, portant mon nom & possédant mon cœur. Mais tu sais que la mort d'un pere m'a donné un maitre despotique. Il me reste un ami, l'aurai-je encore longtems?

BONNEMER.

Il te restera malgré-toi, infortuné Jenneval. Pourrois-je t'abandonner dans l'égarement où ton inexpérience t'entraîne? Ton cœur est encore honnéte, quoique livré au désordre; mais prends garde, la contagion du vice t'approche de près, elle flétrira bientôt tes mœurs aimables. Alors tu deviendras vil, alors tu ne seras plus mon ami... Ha, crédule jeunehomme! ce n'est point ici où demeure celle avec qui tu dois passer ta vie ... Elevé dans les bras d'une facile confiance, tu ignores les artifices d'une femme perdue, tu n'apperçois point les piéges qu'elle multiplie sous tes pas.

JENNEVAL.

Tu n'imagines pas, Bonnemer, à quel point tu m'affliges. Je ne t'avois jamais vu injuste.. Que t'a fait Rosalie? Que tu la condamnes légerement!... Va, crois-moi, sans sa vertu..

BONNEMER.

Sa vertu!

JENNEVAL.

Oui, son ame est remplie de délicatesse ... C'est sa vertu qui me rend malheureux ...Ses graces & sa franchise temperent seules la sévérité de sa réserve... (avec chaleur.) Mais il n'y a personne au monde qui puisse savoir cela mieux que moi ...

C iv

BONNEMER.

Ne nous emportons point fur les termes... Ami Jenneval, c'eft donc une fille honnête, fincère, ver-tueufe, qui s'eft jettée dans tes bras, qui t'a fait violer tous tes devoirs, à qui tu as donné un bel ameublement, qui l'a accepté... Où eft ta raifon ? Va, l'amant aimé eft rarement celui qui donne. L'in-térêt feul lui dicte ce qu'elle te dit de plus tendre. Son cœur ne peut être fufceptible d'aucun fentiment dé-licat. A la premiere occafion elle te trahira pour un homme plus riche ou plus prodigue, ou bien elle aura recours aux manœges de l'intrigue, à l'hipocri-fie pour t'amener au point de t'avilir publiquement avec elle. Méprifé le refte de ta vie, de quel front foutiendras tu les regards du public ?... Je le déchire, hélas! ce cœur trop tendre; par mes réflexions cruelles, j'empoifonne tes plus beaux jours : pardonne ! Je veux te fauver à la fois de l'opprobre & du malheur.

JENNEVAL.

Que tu me fais fouffrir ! .. Change de langage... Qui de nous deux doit juger de l'état où ce cœur doit être heureux ?..

BONNEMER.

Tes yeux font fafcinés, & de nouveaux remords t'attendent. C'eft une femme méprifable te dis-je. Périffent ces infâmes courtifanes, la honte de leur fexe!

JENNEVAL *avec le cri de la douleur.*

Elle ?.. Rofalie !.. Tu l'outrages! Adieu, je me retire.

BONNEMER, *d'un ton ferme & tendre.*

Si tu ne m'étois pas aussi cher, je me serois déjà retiré, ou plutôt je ne serois pas venu te chercher ici. Ose me répondre. Est-ce ma cause ou la tienne que je soutiens en ce moment? T'ai-je jamais trompé? Reviens, lis en mon ame le motif qui me fait agir; vois toute ma tendresse, & sois ensuite assez insensible pour refuser la main que je te présente.

JENNEVAL *la saisissant avec transport.*

Je l'accepte comme celle d'un bienfaiteur, d'un ami. C'en est fait, je n'aurai plus rien de caché pour toi, mais respecte l'innocent objet d'un amour malheureux. Je lui avois juré un secret inviolable, tout m'échappe en ta présence ... Tu vas devenir mon juge ... Que j'aurois mauvaise opinion de toi, que tu m'offenserois si tu gardois tes préjugés contre Rosalie après l'avoir vue!.. Sans doute un de ses regards la justifiera plus que toutes mes paroles. (*en courant vers le cabinet voisin, & prenant Rosalie par la main.*) Venez Rosalie, joignez-vous à moi; c'est un ami inflexible qu'il nous faut gagner.

SCENE VII.

BONNEMER, JENNEVAL, ROSALIE.

ROSALIE.

JE tremble ... A quoi m'exposez-vous ?

BONNEMER *à part.*

Dans quel étonnement!..

JENEVAL *à Rosalie.*

A tout ce qui peut vous rendre chere aux yeux d'un autre, comme aux miens.

ROSALIE *à Bonnemer.*

Monſieur, dans la ſolitude où mes malheurs m'ont forcée à me cacher, je ne puis m'empécher de rougir à l'aſpect d'un nouveau témoin de l'état où je ſuis ; mais malgré les apparences, mon cœur vous eſt ſans doute connu. Jenneval m'eſt cher, vous êtes ami de Jenneval, & ce titre ſeul calme un peu le trouble dont je ne pouvois me défendre. Croyez que la plus pure tendreſſe m'unit à Jenneval. Si vous trouvez que je faſſe ſon malheur, entraînez-le loin de moi. Puniſſez-moi de l'avoir aimé ; mais j'en atteſte le Ciel qui nous entend, dans la douleur où mon ame ſera plongée, & en quelque lieu où mon ſort me conduiſe, mon cœur ne ſera jamais qu'à lui.

JENNEVAL *à Bonnemer.*

Mon ami ! mon ami ! La voyez-vous, l'entendez-vous ?

BONNEMER.

Très bien, ma foi ; elle fait à merveille...

JENNEVAL.

Quoi ?

BONNEMER.

Son Rôle.

JENNEVAL.

Que dites-vous ?

BONNEMER *à Rosalie.*

Mademoiſelle, Jenneval eſt mon ami, juſqu'ici il s'eſt montré vertueux. S'il vous eſt cher, comme

vous le prétendez, ne l'ecartez point du fentier de
fes devoirs C'eft ce qu'il doit avoir de plus facré
dans le monde. Il eft jeune, & vos charmes le fub-
juguent. N'abufez point de ce dangereux pouvoir.
J'ignore vos malheurs, mais fi les apparences font
contre vous, avouez que jamais elles ne furent mieux
fondées...

ROSALIE *en l'interrompant.*

Vous prenez avec moi, Monfieur, un ton qui m'é-
tonne, m'humilie... Votre ami a du vous dire...
Mon cœur eft oppreffé... (*elle s'appuie fur Jenneval
& dit en pleurant*) Jenneval, Jenneval, vous favez
qui je fuis & vous m'expofez à cet affront !..Eft il
poffible ; non, je n'en reviendrai jamais...

JENNEVAL.

Bonnemer !

BONNEMER.

Mademoifelle, allez, on ne m'abufe point. Croyez-
moi, donnez-vous pour ce que vous êtes...

ROSALIE, *en fanglottant.*

O Ciel ! infortunée que je fuis !

JENNEVAL *d'une voix altérée.*

Bonnemer !

BONNEMER *à Jenneval.*

Jeune imprudent ! ces larmes que tu vois couler
font fauffes & perfides comme elle.

JENNEVAL *d'un ton emporté.*

Vous auriez du refpecter... Cruel... Allez, vous
n'êtes plus mon ami... Retirez-vous...

BONNEMER, *avec force.*

Ingrat ! je le fuis encore, & quoi que tu faffes, je le
ferai toujours : que dis-je ? tu me deviens plus cher

dans ton délire, & je t'en donnerai la preuve en t'arrachant, malgré toi, au piége où cette Sirene artificieuse voudroit te conduire. Mon active tendreſſe emploiera juſqu'à l'autorité publique, ſi tu n'écoutes pas la voix de ton ami … Adieu.

(Il ſort).

SCENE VIII.

JENNEVAL, ROSALIE.

ROSALIE *feignant de s'évanouir.*

DIEU ! je me ſens mourir.

JENNEVAL *ſoutenant Roſalie.*

O Ciel ! … Reprenez vos eſprits … Je ne pourrai donc faire que votre malheur … Je ſuis déſeſperé. (*Il conduit Roſalie ſur un fauteuil, & courant vers la porte.*) Homme terrible, qu'es-tu venu faire ici ? Va, va te ranger au nombre de ceux qui me perſécutent… Je les braverai tous. (*aux genoux de Roſalie.*) Pardonne Roſalie, feroit-il poſſible que tu m'aimaſſes encore ?

ROSALIE.

Ah ! ce ſeul mot me rend à la vie … Si je t'aime encore ! jamais tu ne me fus plus cher. Je ne fais pas te rendre reponſable de l'injuſtice d'autrui. L'idée de te perdre, de te voir arracher loin de moi, voilà ce qui a bouleverſé tous mes ſens. Apprends de moi comme il faut aimer. Ah ! que l'empire que je devrois avoir ſur ton cœur n'eſt-il égal à celui que tu as ſur le mien !

JENNEVAL.

En pourrois-tu douter?

ROSALIE.

Non... mais faisons ici le serment de ne point nous séparer. Livre-moi désormais toutes tes volontés, je te réponds des miennes. Unissons-nous contre nos persécuteurs; créons nos ressources, & que notre courage nous rende à la fois indépendans des événemens & des hommes.

JENNEVAL *pressant la main de Rosalie.*

Je m'abandonne à toi, ô ma chere Rosalie.

ROSALIE *du ton du reproche.*

Jenneval... Pourquoi ta main tremble-t-elle dans la mienne?

JENNEVAL *avec verité.*

Tu es loin de connoître tous les combats qui se passent en mon ame... Tu l'emportes... Je t'adore... Ne m'en demandes pas davantage.

ROSALIE.

Mon cœur ne te déguise rien ... Je me livre à toi.

JENNEVAL *avec feu.*

Tu ne seras point trompée!

ROSALIE.

Je le souhaite, mais il est de ces momens orageux; où, séduit par une voix imposante, tu redeviendras foible ... Où tu ne m'écouteras plus.

JENNVAL.

Ne crains rien.

ROSALIE.

Me promets-tu de t'en rapporter toujours à moi seule?.. à moi?..

JENNEVAL.

Je te le promets.

ROSALIE.

Quel eſt donc cet homme que tu nommes ſi faci-
lement ton ami ?

JENNEVAL.

C'eſt... Je te l'ai ſacrifié. Il fut dans tous les
tems mon protecteur. C'eſt de lui que je tenois cette
lettre de change... Il m'aima toujours ; il en eſt
bien recompenſé !

ROSALIE.

Quoi! il demeureroit chez M. Dabelle ?

JENNEVAL.

C'eſt ſon caiſſier, ſon ami.

ROSALIE.

Ecoutez, Jenneval... Vous avez commis une imprudence très - grave en m'expoſant à ſes regards.
Vous avez cru pouvoir le fléchir, mais il eſt un de
ces hommes froids qui ſont loin de ſentir ou d'ex-
cuſer la plus auguſte, la plus tendre des paſſions. L'a-
mour n'eſt pour eux qu'un ſentiment étranger... Il
m'a outragée... Vous avez beſoin de lui, c'eſt votre
ami, dites-vous?.. Je lui pardonne l'offenſe qu'il
m'a faite.

JENNEVAL, *en lui baiſant les mains.*

Ah ! votre cœur eſt auſſi noble que ſenſible.

ROSALIE.

Vous ſentez-vous, en même-tems, capable de ſui-
vre mes conſeils ?

JENNEVAL.

Des conſeils !.. Ordonnez, je ne veux qu'obéir.

ROSALIE.

Il faut aller retrouver votre ami, lui parler d'un ton repentant, l'appaiser, employer jufqu'à la foumiffion s'il eft néceffaire ; l'affurer, non pas que vous m'avez abandonnée (ta bouche ni la mienne, cher Jenneval, ne prononceront jamais un mot fi cruel) mais lui faire entendre que tu n'es point efclave de mes charmes, que je ne gouverne point tes volontés, que rien ne te tirannife. Surtout laiffe-lui dire tout ce qu'il voudra de ma perfonne. Que m'importent les difcours de l'Univers. De toi feul dépend ma renommée, mon bonheur. J'apprendrai à tout fouffrir, dès que ton intérêt paroitra l'exiger.

JENNEVAL.

Quoi, tu veux que je m'aviliffe à feindre !

ROSALIE.

Voilà donc cette obéiffance que tu m'avois promife ? Sais-tu à quoi tu m'as expofée ? A tout l'effet de fon reffentiment, il peut devenir terrible. Mon déshonneur va voler de bouche en bouche. Tu as entendu quel nom Bonnemer étoit fur le point de me donner ; attends encore & tu reverras ici ce même homme irrité...

JENNEVAL.

Si tu favois ce qu'il m'en coûte pour diffimuler !.. Qui, moi ! dire une fois feulement que je ne t'aime pas avec idolatrie, proférer ce menfonge dont mon cœur eft fi loin, c'eft un moment affreux & je préférerois...

ROSALIE.

Sans doute, de me perdre pour toujours.

JENNEVAL avec douleur.

Que dis-tu ?.. J'obéirai...

ROSALIE.

Cours le rejoindre & tremble de le trouver rebelle
à tes prieres. Souvent un feul mot qu'on a héfité de
prononcer, lorfqu'il le falloit, a caufé des malheurs
irréparables. Allez mon cher Jenneval, & ne tardez
point à me rendre compte du fuccès... Appaifez
Bonnemer, & revenez toujours plus digne d'être aimé.

JENNEVAL *dans un tranfport rapide.*

Adorable Rofalie, tu poffédes toutes les vertus,
tu oublies une offenfe, tu me rends un ami, tu veux
confirmer ma félicité. Ton ame héroïque & tendre
me dictera tout ce que je dois lui dire, & foudain je
revole à tes genoux pour m'enivrer des pures délices
que ta voix & tes regards me font goûter.

SCENE IX.

ROSALIE *feule.*

IL falloit prévenir la tempête qui auroit pû s'élever...
Que ce caractère ardent eft difficile à manier! Que
de fois il m'échappe! comme fa vertu naïve vient à
tout moment rompre mes projets... Mais je les
ai conçus, il faut qu'ils s'accompliffent... Je ne fub-
juguerois pas un cœur amoureux!.. Sa fortune ne
demeureroit pas captive entre mes mains!.. Plutôt
mourir que d'en perdre l'efpoir.

Fin du fecond Acte.

ACTE

ACTE III.

SCENE PREMIERE.

ORPHISE, LUCILE.

ORPHISE.

AH! Coufine, vous ne m'échaperés pas! Je vous y prends... On fe cache donc comme cela pour pleurer toute feule?

LUCILE.

Moi!

ORPHISE, *la contrefaifant avec tendreffe.*

!Moi!.. Mais non, ce font ces yeux là qui voudroient mentir; qui, mouillés encore de larmes s'éforcent de dire, nous n'avons point pleurés.

LUCILE.

Oh pour cela... Mais ma coufine je n'aime pas non plus qu'on me pourfuive de fi près.

ORPHISE.

Eh ma chere enfant, rends-toi de bonne grace... Je fais tout... Tu ne te fouviens donc plus combien de fois tu m'as parlé de Jenneval?

D

LUCILE.

Je ne vous en parlerai plus, je vous en assure...

ORPHISE.

Qu'en pleurant. Allons pauvre amie, mets-toi à
ton aise. Un petit sourire pour moi ; cela ne se peut...
Eh bien soulage ton cœur. Passe tes bras autour de
mon col. Cache ta tête dans mon sein. Soupire, mon
enfant, soupire. Répete-moi cent fois que tu es mal-
heureuse. Mes larmes se méleront aux tiennes. Je
sais tout ce que tu souffres. Jenneval fait des fautes
que mon cœur ne peut excuser.

LUCILE, *en l'embrassant avec affection.*

Ai-je tort de pleurer ? Il va perdre ses mœurs,
ses vertus... Vous savez comme il paroissoit honnête & s'il méritoit la préférence sur tant d'autres
que nous avons jugés ensemble... Vous-même, cousine, étiez prévenue en sa faveur... Nous trompoit-
il alors ?.. Ah ! Croyons plutôt qu'il s'est laissé sé-
duire ; mais l'est-il pour jamais ... Voilà ce qui déchire mon cœur... La crainte, la douleur, l'espoir
s'y succedent ... Je n'ai jamais éprouvé une si violente
agitation ... Que de combats je me suis déja livrés...
Combien de pleurs j'ai déja versés... Ah qu'il est
cruel celui qui me les fait répandre ... Et ce dernier
événement... Cette indigne rivale... Je rougis de ma
foiblesse.

(*Elle cache son visage dans le sein de son amie.*)

ORPHISE.

Je suis si pénétrée que je ne sais plus que te dire ;
& cet oncle, ce cruel oncle, dis-moi, il arrive à point
nommé pour faire feu. Qui l'a fait venir ? Qui a pu
l'informer ?..

LUCILE.

Ce n'est assurément ni mon pere, ni M. Bonnemer.

ORPHISE.

Que je souffrois pour toi ! Comme nous n'attendions que le moment de nous échaper de table. Quel homme terrible que ce M. Ducrône ! Il sort des forêts. Quel ton ! J'ai manqué vingt fois de m'emporter contre lui ; & ton pere, ton pere ! Ah, ma cousine, je ne sais pas comment je ne me suis point jettée à son col. Il plaidoit pour le neveu & sembloit deviner nos cœurs pour y nourrir l'espérance.

LUCILE.

Chere cousine, si vous saviez combien j'appréhende ses bontés ! A quel état je suis réduite ! Je crains mon pere, moi qui n'avois fait jusqu'ici que l'aimer ; mais je suis donc coupable puisque je le crains... Tant que je crus Jenneval vertueux, le penchant que je me sentois pour lui ne pouvoit m'être un sujet de reproche, mais aujourd'hui tout est contre moi... Et j'ose y penser encore & je n'ai point fait le désaveu de ma flame dans les bras de l'auteur de mes jours... Je suis toute troublée ; je crois que d'aujourd'hui je n'aime plus rien. Les deux personnes que je chérissois le plus s'offrent à mes yeux sous un jour nouveau... L'aspect de mon pere m'est redoutable, & Jenneval, l'ingrat Jenneval... Crois-tu bien qu'il m'aimat avant ce malheureux événement. Pour moi je pense que c'est une chose impossible.

ORPHISE.

Impossible de s'attacher à une autre personne après t'avoir connue, cela devroit être ma bonne & tendre amie. Jenneval avoit conçu pour toi les sentimens les plus tendres. J'ai vu plusieurs fois ses yeux le trahir malgré lui en ta présence ; tout exprimoit un amour retenu par cette crainte respectueuse qui nous donnoit une idée avantageuse de ses mœurs ; mais il n'aura fallu qu'un malheureux moment pour égarer ce jeune homme dans une ville ou le vice triomphe & revet extérieurement tous les charmes de la volupté; comment . . .

LUCILE, *l'interrompant.*

Ne seroit-il plus possible qu'il revint à lui-même. Quelques jours d'égaremens causeroient-ils la perte de sa vie entiére ? Jenneval pourroit il chérir l'infamie! Ah ! Cousine quand je l'ai vu rentrer ce matin avec cet air confus, humilié, tous mes sens ont tressailli. Pourquoi faut-il qu'il se soit encore échapé & plus coupable que jamais ! .. Comme son ami est chagrin ! Quoi, l'amitié, ce dernier sentiment qui s'éteint dans une ame noble, l'amitié n'a pu toucher son cœur ! Je me flatte trop peut-être, mais si je lui eusse parlé, je serois plus tranquille. Je me rappelle un tems où il sembloit prévoir jusqu'à mes moindres pensées ; mais plus je le vis me donner des preuves d'un attachement qui croissoit de jour en jour, plus je me crus obligée d'en reprimer les marques trop visibles en affectant une froideur d'autant plus necessaire que mon cœur en étoit loin. Peut être le fera-t il cru rebuté ... Cette erreur aura été la cause de sa perte ... Mais tu vois quel détour mon cœur prend pour se flatter. Cousine je m'égare. Aide moi à bannir pour jamais une pitié trop dangereuse, & qui peut-être n'est que l'interprète d'un sentiment qui feroit le malheur de ma vie si je ne m'empressois à l'étouffer.

ORPHISE.

J'entends son oncle avec ton pere.

LUCILE.

Ah ! Je me souviens de mille choses que j'avois à te dire...

ORPHISE.

Je me sauve , je ne puis souffrir la sévérité de cet homme, & sa vertu me fait trembler.

(*Lucile reste.*)

SCENE II.

M. DABELLE, M. DUCRONE, LUCILE.

M. DUCRONE.

MONSIEUR, vous voyez en moi un homme qui dans toutes les circonstances possibles a agi avec fermeté & qui dans une telle conjoncture fait : ar conséquenc ce qui lui reste à faire. (*Il tire sa montre.*) Je n'ai point perdu de tems dieu merci. Dans une heure & demie j'ai fait quatre grandes lieues. Vous me trompiés tous. Vous me cachiés ses déportemens, vous attendiés sans doute pour m'en instruire que sa honte fut publiée sur les toits. Bien m'a pris d'avoir eu un surveillant fidele & qui a su m'avertir à point nommé... Ah ! ah ! Monsieur mon neveu vous me faites quitter la campagne, mais patience vous me payerés mes peines.

M. DABELLE.

Le mal n'étoit point à son comble & d'ailleurs nous esperions le guérir. Chaque faute doit être appreciée d'après l'age, le caractere. De grace ne dérangés rien au plan que nous sommes convenus de tenir à son égard. Abandonnés-nous cette affaire ; cher oncle nous répondons du succès.

M. DUCRONE.

Je ne prends jamais conseil que de ma tête, Monsieur, & je n'ai jamais eu lieu de m'en repentir. Je suis son oncle & vous sentirés bientôt que je dois penser tout autrement que vous. Ce n'est pas votre neveu qui vous a volé ; c'est le mien, c'est mon sang qui s'est avili, dégradé ; ce sang jusqu'alors pur & sans tache dans toute notre famille. Et peut-être ici n'affecte-t-on tant d'indulgence que par une pitié assez deshonorante.

M. DABELLE.

Vous ne rendez point justice aux vrais sentimens qui me font agir. Si je m'intéresse au sort de ce jeune homme, croyez que je connois à fond son caractère & que j'ai mes raisons pour plaider en sa faveur. Il vaut mieux éclairer le coupable que de le punir. N'aggravons point ses fautes, lorsqu'il est encore facile de les réparer...

M. DUCRONE.

Vous vous trompés très fort si vous le pensés. Tant de bontés, tant de zele m'étonne, mais ne m'entraine pas. Chacun a ses principes. Les vôtres peuvent être fort bons envers (*en regardant Lucile*) une fille dont le caractere est naturellement porté à la vertu.

Je donnerois la moitié de mon bien pour avoir une enfant comme celle là. Mais je connois un peu comme il faut mener cette jeuneffe extravagante, indifciplinable. Celui qui a ofé une fois manquer au devoir que l'honneur lui impofoit ne mérite plus aucun ménagement. Il faut preffer fur lui tout le chatiment qu'il s'eft attiré ; c'eft des fuites de fa faute que doit naître fon repentir. Enfin je fuis très éloigné de cette complaifance dont vous me parlés. Je ne connois qu'un chemin, Monfieur, celui de l'exacte probité. C'eft un fentier dont un honnête-homme ne peut s'écarter fans mériter un nom infâme. Tout ce qui va de biais n'eft plus fur la ligne droite, & pour peu qu'on fe fourvoye,... Tenez ce font de ces pas qui demeurent imprimés dans l'opprobre & qui ne s'effacent jamais.

LUCILE, *à part*.

Je n'y faurois plus tenir, mon cœur fouffre trop.

[*Elle fort.*]

M. DABELLE.

Vous ne croyés donc pas que plufieurs après s'être égarés font rentrés dans le droit chemin & ont marché plus avant dans cette nouvelle carriere. J'honore votre façon de penfer, mais entre nous, je la crois trop auftère. Il faut mefurer la chûte d'après les dangers qui environnent la jeuneffe. Elle eft bien expofée dans ce fiécle malheureux. Un cœur neuf & fenfible fe trouve féduit avant que de s'en douter. L'expérience de fes aveux eft en pure perte pour lui. Ce n'eft pas la févérité qui réuffit, c'eft l'indulgence ; & fous fa main douce & généreufe, tel homme qu'on croit abandonné, échauffe fouvent en lui même les germes renaiffans qui tout-à-coup font refleurir les vertus.

M. DUCRONE.

Oh! Vous ne me persuaderés jamais que c’eſt un homme de vingt-deux ans qui ſe releve d’une pareille chute. Sa conduite a tous les caractères de la mauvaiſe foi & du libertinage. Si vous refléchiſſés qu’il a commis cette ſottiſe en faiſant ſon droit, en ſe diſpoſant à embraſſer l’honorable profeſſion d’Avocat… Je rougis de honte & de fureur… Ah! Mon fils fut bien moins coupable, il commit une faute moins grave & je le punis bien plus ſéverement. Il s’échappa de la maiſon paternelle. J’appris qu’il étoit en garniſon à cent lieues de moi. Savez-vous ce que je fis. Je le laiſſai ſervir le Roi. Il m’écrivoit des lettres plaintives. Mon pere je n’ai point mes aiſes, je manque de tout; eh mon fils tu l’as voulu, tu y reſteras, bonne école! Je lui achetai néanmoins une ſous-Lieutenance; l’année ſuivante ſon régiment fut taillé en piéces & lui rué! Sa perte ne laiſſa pas que de m’affliger. Préſentement qu’il eſt mort je puis dire que je l’aimois… Et tenez ce malheureux Jenneval ne ſait pas que dans le fond de mon cœur… Mais je me garderai bien de le lui laiſſer jamais paroître. Je ne voudrois pas pour tout au monde qu’il s’en doutat ſeulement. Rien n’eſt plus dangereux que cette molle indulgence dont vous me parlés, que cette foibleſſe du ſang…

[Ici paroit Bonnemer conduiſant Jenneval par la main.]

SCENE III.

M. DABELLE, M. DUCRONE, JENNEVAL, BONNEMER.

M. DUCRONE, *continue.*

MAIS affûrément il eſt bien effronté ! Avoir l'audace de paroitre en ma préſence, de remettre encore ici le pied !.. Que vient-il chercher ?

BONNEMER, *allant à Ducrone & d'un ton ſuppliant.*

Cher Monſieur... Votre ſurveillant a été égaré par ſon zéle. Il a chargé Jenneval de trop noires couleurs. Il a annoncé la faute, mais il a tû le remord. Jenneval eſt repentant, Jenneval abjure le paſſé. Son front s'eſt couvert de cette rougeur ſalutaire, qui annonce un parfait retour à la vertu. Nous répondons tous de lui...

M. DABELLE.

Cher Jenneval approchez, que je liſe dans vos yeux cet heureux retour dont notre ami ſe félicite.

JENNEVAL, *d'une voix baſſe qui prouve ſon embarras & ſa confuſion.*

Monſieur, puiſſé-je me rendre digne de toutes vos bontés. (*à part.*) Quel ſupplice !

BONNEMER, *à Jenneval.*

te l'ai dit. Mets bas cette fauſſe honte ; tout eſt

réparé, tu ne dois plus rougir. Un feul mot de ta bouche nous a défarmés. Tout le monde te connoit fincère. (*Il l'embraffe*) (*à M. Ducrone.*) Allons cher oncle le traité de paix eft conclu & je le garantis.

(*Il fait figne à Jenneval de parler. Pendant tout ce tems l'oncle préfente un front courroucé, & frappe le plancher de fa canne.*)

JENNEVAL, *s'avançant.*

Mon oncle, fi j'ofois efpérer de vous autant d'indulgence, vous adouciriés les peines que je rencontre à chaque pas de ma vie. Confentez à me vouloir heureux. Dites une parole & je le ferai. Ces amis généreux m'ont enhardi à paroitre en votre préfence ; mais un mot de votre bouche, un feul témoignage de bienveillance va me rendre à moi-même.

M. DUCRONE, *d'un ton ferme.*

Monfieur, voulez-vous bien entendre quelles font mes volontés ?

JENNEVAL, *avec refpect.*

Mon oncle !

M. DUCRONE.

Elles feront irrévocables je vous en avertis. Je devine que ce prompt retour eft l'ouvrage de la néceffité, mais ce n'eft point moi qui fe laiffe endormir. J'exige dabord que l'on m'informe & dans le plus grand détail de l'emploi qu'on a fait de cet argent volé. Je veux favoir enfuite quelle eft cette fille, depuis quand, où, & comment vous l'avez connue ?

BONNEMER, *l'interrompant.*

Eh cher Ducrône, tirons le rideau là-deffus. Il a avoué s'être laiffé féduire. La féduction a donc perdu tout fon effet. Que demandez-vous de plus ?

ᴍ. DABELLE.

Monfieur, foyons généreux. Son cœur fe rend à nous. Accordons-lui les honneurs de la guerre. Jenne al jettez-vous au col de votre oncle & que tout foit oublié.

(Jenneval s'avance pour embraffer fon Oncle.)

ᴍ. DUCRONE, *reculant.*

Non, Meffieurs, non... Je vous fuis fort obligé ne me preffés plus comme cela je vous en prie. Je vous l'ai déja dit, on ne me gagne point par de fauffes careffes. Vous ne le connoiffez pas comme moi. Voyez cette modeftie contrefaite & cet air de douceur hypocrite ; elle n'eft occafionnée en ce moment que par l'intérét qui l'affujettit à moi...

JENNEVAL, *d'un ton étouffé.*

Moi! hipocrite, Monfieur!.. (*à part.*) Puis-je encore diffimuler !

ᴍ. DUCRONE.

Je veux de meilleures preuves d'un vrai repentir. Le feul moyen de me faire connoître que c'eft plutôt à mon cœur qu'à ma bourfe qu'on en veut, c'eft de fléchir à l'inftant même fous mes ordres. Oh! je ne fuis point dupe d'une grimace paffagere. Avant que de me convaincre il faut par plufieurs années d'une conduite irréprochable, effacer les taches de celle-ci. D'abord cette fomme dérobée que je vais reftituer fera prife fur ta penfion, & par conféquent les quartiers, à commencer d'aujourd'hui, feront retranchés en parties égales jufqu'à entiere fatisfaction. Il eft bon de te faire fentir ce que vaut la perte d'un argent auſſi follemen: prodigué. J'en ai aſſez fait pour vous, Monſieur. Il eſt rems que vous faſſiez quelque choſe pour vous même. Nous verrons ce que vous ſçaurez faire. L'oiſiveté a été le piége de ta jeuneſſe, & le travail deviendra un ſur préſervatif.

Or donc, voici les conditions auxquelles je puis encore pardonner. Choiſis de les mettre à exécution ou à ne me revoir jamais. J'entends que tu partes dès demain pour la Province, en telle ville & telle maiſon que je t'indiquerai, afin d'y achever ce droit qui, dans ce maudit Paris traîne tant en longueur. Je prétends que tu t'éloignes de cette funeſte Capitale, où tu acheverois de perdre tes mœurs, & cela ſans y entretenir aucune correſpondance d:recte ni indi-recte. Paris eſt plein de ces filles q i révo'tent la jeuneſſe contre leurs parents; mais je n'aurai point amaſſé mon bien pour ſervir de proye à la débauche. Ta brillante Déeſſe, ta Roſalie, ce ſoir même je la fais enfermer. Ma plainte eſt déja portée, & le ſage Magiſtrat qui veille autant à la conſervation des bon-nes mœurs qu'à la ſureté des Citoyens, ſaura la placer en lieu ſûr. Elle ſera ma foi claquemurée pour le reſte de ſes jours.

JENNEVAL, *élevant la voix.*

Et de quel droit, Monſieur, la perſécutez-vous? Comment oſez-vous attenter à la liberté d'une per-ſonne que vous ne connoiſſez pas. Surprendre un tel ordre à l'aide d'une baſſe calomnie, c'eſt com-mettre une lâcheté d'autant plus cruelle, qu'on la co-lore d'un air de juſtice. Gardez-vous d'aller plus loin, car j'oſe ici vous aſſurer...

DRAME.

м. DUCRONE.

Ah ! tu fais le Don-Quichotte. Va, va, tu me remercieras un jour quand le tems de tes folles amours fera paffé. Tu donnerois alors la moitié de ta vie pour racheter la premiere. Crois-moi, abandonnes-la à fa baffeffe ; laiffes-la retomber dans la mifere d'où ton imbécilité l'a fait fortir.... Une vile créature...

JENNEVAL.

Si elle étoit auffi vile que vous le prétendez ; votre injuftice, votre dureté, la confirmeroient dans le défefpoir du vice ; car vous lui donneriez l'affreux droit de haïr, vous, & tous les hommes... Mais moi, je ne ferai point affez lâche.

м. DUCRONE.

Quoi, tu poufles l'extravagance... J'y mangerai la moitié de mon bien, vois-tu, & de ce pas... elle fera enfermée, te dis-je, & fi étroitement...

JENNEVAL, *éclatant avec fureur.*

Je la défendrai contre tous... fut-ce contre vous même... Il y va de ma vie... Si vous troublez fon repos, barbare vous m'en répondrez.

м. DUCRONE, *levant fa canne & arrêté par Bonnemer.*

Infolent !

м. DABELLE.

Jenneval, feroit-il poffible !... Je fuis auffi furpris qu'affligé.

BONNEMER.

Eft-ce là ce que tu m'avois promis ?.. Pour l'amour de moi...

JENNEVAL avec véhémence.

Abandonnez-moi tous , mais du moins ne me tourmentez plus. (*en s'attendriſſant.*) Pardonnez ! ah ! ſi mon ame vous étoit développée toute entiere. Non , je ne puis plus diſſimuler. Forcé de feindre un inſtant, mon rôle étoit trop dangereux , & j'ai manqué en effet d'y ſuccomber. Voyez-moi donc tel que je ſuis. J'aime, & c'eſt à celle qu'on outrage, à celle dont on révoque en doute les vertus connues de moi ſeul , que je dois la modération dont j'ai uſée juſqu'ici. Ma raiſon juſtifie tout l'excès de ma tendreſſe. Je remplirai les engagemens chers & ſacrés avoués de mon cœur. Que ne puis-je , dès ce moment mème , pour effacer des ſoupçons injurieux, la conduire aux pieds des Autels. Là , on verroit combien je la reſpecte. Elle eſt pauvre dira-t-on , eh oui ; tel eſt le gage de ſes vertus. Quoi, l'indigence ſera regardée du même œil que le crime. Et parce qu'une fille ne vivra point dans l'opulence , elle ceſſera d'être honnête ! miſérables préjugés , c'eſt moi qui le premier vous braverai.

m. DUCRONE.

Si elle étoit vertueuſe , ſi l'honneur parloit à ſon ame , ſi elle t'aimoit enfin , elle te rameneroit à des ſentimens délicats , elle ne t'auroit point expoſé au repentir , au danger , à l'affront qu'entraine une friponnerie flétriſſante ; n'a-t-elle pas partagé les fruits de ta baſſeſſe... Va, je ſaurai te réduire. Je te ferai connoître comme on fait rentrer un jeune libertin dans le devoir. Tu n'es pas encore où tu crois en être. Suis ton beau chemin ; je te ſuivrai à mon tour, non par amour pour toi, mais par reſpect pour la mémoire de ton pere. J'empêcherai bien que conduit par une femme débauchée, tu ne faffes un jour & publiquement le déshonneur de ta famille.

J E N N E V A L.

Ah ! fi je me fuis rendu coupable d'une baffeffe que vous me reprochés tant de fois & avec tant d'amertume, fachez que je ne fuis pas feul criminel. Je vous ai pardonné la fituation extréme où vous m'avez réduit, pardonnez-moi du moins une faute dont vous êtes la premiere caufe.

M. D U C R O N E.

Moi !

J E N N E V A L.

Oui, vous . . . La loi vous a nommé dépofitaire de mon bien ; mais avez-vous rempli fon efprit & fon intention ? Vous en avez agi avec moi avec une rigueur inflexible. Vous m'avez refufé non pas cet abfolu néceffaire, qui auroit élevé contre vous d'éternelles clameurs, mais vous m'avez ôté les moyens de fatisfaire à ces autres befoins, enfans de l'honneur, non moins preffans & plus chers à une ame noble. C'étoient-là des dépenfes indifpenfables dans un monde où par état je devois me préfenter honnorablement. Mais vous n'avez jamais voulu concevoir cet efprit du fiécle qui maitrife nos volontés. Que de fois ce cœur fier a été humilié ! Si vous m'euffiez accordé ce que j'avois droit d'attendre & même d'exiger, je ne ferois pas aujourd'hui diffamé. Le dernier artifan, concentré dans le cercle obfcur où le fort l'avoit placé, étoit cent fois plus heureux que moi, obligé de paroître & forcé de me cacher.

м. D U C R O N E.

J'ai donné ce qu'il falloit donner. Si le fiécle ex-
travague je ne fuis point fait pour obéir à fes caprices.
L'efprit de la loi eſt-il qu'un tuteur favorife les dé-
bauches de fon pupille. L'or feroit devenu dans tes
mains un poifon dangereux. D'ailleurs ton compte eſt
en regle. Au jour de ta majorité on te le préfentera
& en bonne forme. Si tu n'es point content, atta-
que moi en juſtice ; ma réponfe eſt toute préte.

J E N N E V A L.

Non ... Je n'attendrai pas des tribunaux ce que
votre cœur me refufe. Si vous ne favez pas vous juger vous-méme , ce n'eſt point à moi à rougir.

м. D U C R O N E.

Oublies-tu à qui tu parles ?

J E N N E V A L.

Je m'en fouviendrois fi vous n'étiez pas inhumain. Un oncle qui aime fon neveu le plaint s'il s'é-
gare & ne l'infulte pas.

м. D U C R O N E.

Puis-je t'infulter, toi qui ne mérites plus que le
mépris ..

B O N N E M E R, *s'avançant l'œil humide*
de larmes.

Cher Ducrône, c'eſt affez ... eh modérez-vous
au nom de l'amitié.

(*Pendant ce tems M. Dabelle fe tait & foupire.*)

м. D U C R O N E.

Que je me modere ! Ah le Ciel m'eſt témoin que
ce n'eſt point le courroux qui m'agite. C'eſt fon

propre

propre intérêt que je cherche plutôt que le mien...
Meſſieurs, dans tout ce qui ſera honnête, juſte, rai-
ſonnable, il me verra toujours prêt à le ſeconder, &
quoiqu'il en diſe, à prévenir même ſes deſirs ; mais
auſſi qu'il voye en moi, s'il réſiſte au devoir, une
fermeté que rien ne pourra vaincre... Nous verrons;
ſi demain, à l'heure où je vous parle, il n'eſt pas à
vingt lieues d'ici ; je fais ſerment...

J E N N E V A L *avec fierté*.

Épargnez-vous d'inutiles menaces. Je ne recevrai
plus de loix que de ce cœur qu'on voudroit anéantir & qui ſe ſent aſſez grand pour prendre une juſte
confiance en lui-même. Je ſerai libre, indépendant,
maître de diſpoſer de ma perſonne. Pourquoi vous
inquiéter ſi fort à tourmenter ma vie ? Si vous re-
noncez à me faire du bien, du moins ne me rendez
pas plus malheureux. Seriez-vous plus jaloux de votre
autorité que de mon bonheur ?

M. DUCRONE.

Je le voulois, ingrat, ce bonheur que tu rejettes ;
mais tu braves une bonté qui tient trop à la foibleſſe.
Tu m'as trop manqué pour que je te pardonne jamais. Si tu m'avois obéï j'aurois pu oublier encore
le paſſé, mais tout eſt dit ... Vois juſqu'où alloient
mes bontés pour toi. J'avois mis en réſerve une ſom-
me de cent mille livres pour t'acheter une charge,
dès que ton droit ſeroit achevé ; mais Dieu m'en garde. Cet argent eſt à moi, & je ſaurai en jouir. Voici
une nouvelle création de rentes viagères qui vient
fort à propos pour te punir & doubler mon revenu.
Eh quoi, je m'en priverois, pour qui, s'il vous
plaît ? pour un libertin, avide, intéreſſé, pour un

E

neveu ingrat,dénaturé,dont les vœux fecrets me pouf-
fent dans le cercueil & qui n'attend que l'inftant de
ma mort pour venir avec fon abominable créature
rire & danfer fur ma tombe !

JENNEVAL.

Ces vils fentimens que vous me prêtez, vous feul
avez pu les concevoir. Gardez votre bien & faites en
l'ufage qu'il vous plaira. Je ne demande point qu'on
foit généreux à mon égard, je défirerois feulement
qu'on fut jufte.

M. DUCRONE.

Je le ferai enfin en te déshéritant... Tu as trop
mérité mon indignation.

M. DABELLE, *à Ducrône, d'un ton noble & pathétique.*

Ah cher Oncle, n'écoutez pas ce premier inftant
de chaleur. Il vous laiffera reprendre les mêmes fentimens qui vous ont toujours animé. Je fuis pere, je
connois le plaifir d'avoir un bien-être pour l'affurer
en paix à fes defcendans. Cependant croyez que
fi je n'avois pas ma fille & que j'euffe plufieurs
héritiers, jamais je ne trouverois de prétextes
pour en priver aucun de fon droit de fucceffion.
Ce droit eft inaliénable & facré; car, ce n'eft
point en les privant de notre héritage, que nous les
rendrons plus honnêtes gens. Toute action qui n'a
pas un but utile eft bien prête d'être blamable. Si
l'état autorife la rupture des liens les plus étroits, laif-
fons les cœurs infenfibles céder à cette amorce fatale. Le vrai citoyen n'eft pas un être folitaire. Gar-
dons-nous furtout de réferver pour ce moment où

nous paroîtrons devant l'Etre suprême tout ce qui pourroit reffembler à la haine ou à la vengeance ... De grace laiffez-moi être médiateur en cette affaire. Concluons un nouveau traité. Relâchés un peu de cette févérité extrême ... Jenneval eft fenfible, & ce caractere précieux doit être ménagé.

m. DUCRONE, *en ôtant fon chapeau.*

Encore un coup, Monfieur, ce n'eft point votre neveu. Je ne confulte jamais que moi, & je fais très-bien ce que je fais. Permettez donc que je ne change rien à mes premieres difpofitions ; ce feroit avoir une tendreffe ridicule que de la conferver à un neveu rébelle qui fait ma honte & ma douleur ... Cependant pour me difculper de toute animofité ; je veux bien lui laiffer encore le choix. Soyez donc ici témoins de mes dernieres bontés. (*à Jenneval.*) Allons, réfous-toi à partir fur le champ, ou fi tu balances, tiens ... prends-garde ... Tu t'affures de mon inimitié éternelle.

JENNEVAL, *d'un ton tranquille.*

Faites tomber les traits de votre vengeance fur l'objet infortuné à qui j'ai attaché le bonheur de ma vie, vous le pouvez, Monfieur; mais il m'eft impoffible de me féparer d'elle ... Je vous en dirois davantage, mais vous me traitez trop defpotiquement pour obtenir une confidence que je refuferois peut-être à un ami. Laiffez-moi à moi-même, à la malheureufe deftinée qui m'attend; affez de tourmens me font réfervés. (*en regardant* m. *Dabelle avec douleur & tendreffe*) Si j'avois pu me rendre, je me ferois déja rendu.

m. DUCRONE *avec colere.*

Tu me réfiftes, eh bien, il n'y a plus de retour;
j'en jure par l'honneur que tu as trahi. Je rougis d'a-
voir eu tant d'indulgence pour toi. Je t'avois mal
connu & je me repens même d'avoir veillé fi tendrement fur tes premieres années. Il vaudroit mieux
pour toi que tu fuffes mort au berceau. Si ton pere
vivoit tu le ferois expirer de chagrin. Va, je vois d'un
œil fec tes déportemens; j'étois trop bon de m'é-
chauffer pour tes intéëts. Péris puifque tu veux pé-
rir. Avance dans la carriere du libertinage & du vice.
Tu en recueilleras les trifles fruits. Tous les maux
qu'ils enfantent réunis bientôt fur ta tête, vengeront
mon autorité outragée & mes leçons mifes en oubli...
Je te défends de me nommer jamais ton parent. Pour
moi... je n'ai plus de neveu. (*Il fort.*)

JENNEVAL *avec vivacité.*

Et moi je n'ai jamais eu d'oncle.

SCENE IV.

m. DABELLE, JENNEVAL, BONNEMER.

m. DABELLE.

ABJURÉS ces dernieres paroles, jeune-homme infortuné. Il vous reftera, croyez-moi. Tout
inexorable qu'il eft, vous devez le refpecter. Sa rigueur tient à fon caractère. C'eft l'emportement de
la vertu, & peut-être même celui de la tendreffe. S'il
vous aimoit moins, il n'auroit pas pouffé les chofes
à l'extrême.

JENNEVAL.

Monfieur, je connois votre ame ... Je vous aime...
Je vous refpecte... Je donnerois mon fang pour vous ;
fi 'avois pu me mode er, je l'euffe fait ; ce que je
dois à vos foins.. Plaignez - moi : ne condamnez
point un penchant invincible ... Ah ! Il fut un tems...
N'en parlons plus. Si quelqu'un avoit pu m'aider à
vaincre, c'étoit vous fans doute ...

M. DABELLE, *en le ferrant dans fes bras.*

Calmez-vous ... (*montrant onnemer.*) Remettez-
vous entre les bras de cet ami ... Ouvrez lui votre
cœur. Eft-il quelque bleffure que l'amitié n'adou-
ciffe! je vous plains, mais du moins que l'orage des
paffions ne vous faffe point oublier les devoirs les
plus facrés. Ils doivent l'emporter dans une ame bien
née & l'emporter fur tout.

(*Il fort. Jenneval demeure immobile & penfif.*)

SCENE V.

JENNEVAL, BONNEMER.

BONNEMER.

AH! fi tu pouvois renoncer à cette funefte paffion ! fi tu voulois combattre pour l'amour de
nous. Si par un facrifice héroïque & généreux ...
C'eft là être homme que de remporter la victoire...
Je t'afflige, pardonne...

JENNEVAL.

Cher Bonnemer, je mérite la pitié des ames fenfi-
bles & indulgentes, la compaffion que l'on a pour
les malheureux.

BONNEMER.

Et les infenfés!

JENNEVAL.

Eh! j'en fuis plus à plaindre. L'indulgence alors devient juftice. Laiffe-moi, je crains plus de céder à tes larmes que je n'ai de douleur d'y réfifter. On menace la liberté de Rofalie; je vole... Que de coups réunis fur ce cœur fenfible! & que je me fens oppreffé!.. Ciel, voici le dernier, Lucile!..

SCENE VI.

LUCILE, JENNEVAL, BONNEMER

LUCILE, *avec une vérité noble.*

NON, Monfieur, vous ne fortirez point. Souffrez que je vous repréfente ce que l'amitié me dicte en ce moment. Quoi! vous en coûteroit-il donc tant pour vous foumettre à un oncle que vous devez connoître dès votre enfance. Ne pouvez-vous céder à mon pere, à votre ami... Moi-même je me trouve forcée de me joindre à eux ... Je viens de le rencontrer. Je lui ai dit tout ce que mon cœur a pu m'infpirer. Je l'ai vu ébranlé: peut-être feroit-il encore tems de le fléchir... Vous ne répondez rien.... M'envieriez-vous la part que je prends à vos douleurs?..

JENNEVAL.

Mademoiselle, il ne manquoit aux tourmens que
j'endure que de vous y voir fenfible. Quoi! Vous
daignez vous intéreffer aux deftins d'un homme qui
ne mérite plus vos regards. Je fuis trop indigne de
votre pitié. Je fuis... Défefpéré, emportant dans
mon cœur le repentir de n'ofer lever les yeux devant vous; permettez que je cache ma honte, ma
douleur.. & mes regrets.

BONNEMER, *courant après Jenneval.*
Jenneval!

JENNEVAL, *dans le fond du Théatre.*

Eh que veux-tu encore de moi, lorfque j'ai pu
forcer mon ame jufqu'à lui réfifter?

S C E N E V I I.

LUCILE, BONNEMER.

LUCILE, *avec feu.*

NE l'abandonnez point. Sa raifon eft troublée.
Suivez fes pas. Ramenez le malgré lui. Il faut
pour le fauver, mettre tout en ufage. Je ne puis voir
qu'un jeune homme qui fembloit né pour le bien;
qui, le jour d'hier, jouiffoit encore de l'eftime générale, foit fur le point de perdre & fes mœurs & cette
même eftime qui lui affuroit la mienne... Si... Je
ne puis achever.

E iv

JENNEVAL,

BONNEMER.

Ah ! fi mon zele avoit befoin d'être excité, votre généreufe pitié m'emflammeroit d'un feu nouveau, Je ne le quitterai point, & dut ma préfence le fatiguer, il entendra toujours la voix attendriffante & févére de fon ami.

SCENE VIII.

LUCILE *feule.*

IL fe perd d'amour pour une autre, & je peux encore y être fenfible ! Trop cher Jenneval ! fi du moins les peines qui me confument pouvoient te rendre le repos ; mais non, ta vie eft auffi agitée que la mienne.

Fin du troifieme Acte.

ACTE IV.

Le théâtre représente une chambre où il n'y a que les quatres murailles, & quelques chaises. Un homme apporte un coffre & le dépose. Rosalie arrive précipitamment & en désordre. La nuit commence & ce triste séjour n'est éclairé que d'une lumière sombre.

SCENE PREMIERE,

ROSALIE, JUSTINE.

ROSALIE.

Quoi toujours poursuivie par la fureur des hommes ! (*regardant le coffre*) Voilà donc tout ce qu'on a pu sauver ! O vengeance ! Donnons quelque essor à ce feu terrible qui fermente dans mon sein .. Un instant plus tard où serois-je ? Dans une horrible prison .... Je vous reconnois lâches persécuteurs ; vous écrasez le foible sans pitié, vous êtes aussi crue's que vous pouvez l'être, mais vous n'y aurez rien gagné ; votre despotisme aura pour vous des uites funestes. Je surpasserai vos fureurs... Tremblés ! (*à Justine*) Penses-tu que nous soyons en sureté dans ce misérable lieu , car il fen.ble depuis un tems que les murs foient devenus tranfparens. Un bras infa iga-ble conduit d. tout côté une armée d'argus , & il n'y a plus d'azile contre cet œil vigilant & terrible.

JUSTINE.

Soyez fans crainte ... Dès que nous fommes cachées ici Brigard répond ...

ROSALIE, *avec une fureur impatiente.*

Va-t-il venir ?

. JUSTINE.

Il ne doit pas tarder. Il nous a averties à tems & fans fes foins ...

ROSALIE.

Ah fur qui doit retomber tout le poids des tour-mens que j'endure ! .. Je me fens là un befoin de ven-geance : hate-toi moment qui dois le fatisfaire ... Le ciel eft de fer pour moi, les hommes font acharnés à ma ruine ... Eh bien tyrans de mon exiftence, avez vous quelques fléaux en referve , lancés tous vos traits je brave votre double colere. Je poufferai jufqu'au bout ma deftinée ; favorable ou terrible, il eft tems qu'elle fe décide.

JUSTINE.

Tout n'eft pas défefpéré ...

ROSALIE.

Je ne veux rien entendre te dis-je ... (*a voix baffe tandis que Juftine eft dans le fond.*) L'abime m'environ-ne ; j'y tombe ou j'y précipite mon ennemi. Je l'é-pargnois, ma cruauté devient juftice. Balançons le pouvoir de l'homme injufte. O nuit épaiffis tes voiles !

O vengeance active & ténébreuse, toi qui veilles & qui frappes dans l'ombre, cache ton poignard jusqu'au moment ou je l'aye appuyé sur le cœur de ma victime ; qu'elle tombe, & que mon destin l'emporte... (*a Justine.*) Va voir si quelqu'un paroit.

SCENE II.

ROSALIE, *seule.*

ME faudroit-il abandonner cette capitale le seul endroit sur la terre où je puisse marcher tête levée & rencontrer le bonheur que tant d'autres possédent ? Ah ! si je ne trouve aucune ressource ici , il n'en est plus pour moi dans l'Univers... Détestable vieillard c'est toi qui es venu rompre le plan heureux que j'avois formé ; je peux t'anéantir , mais je n'ai rien fait si ton neveu n'est le premier complice. Jenneval me reste & mon ame entiere n'a point passé dans la sienne , & je ne lui ai pas inspiré ma rage ! Qu'est devenu mon génie ? Mais sa vertu... Sa vertu doit ceder à mon ascendant... Il est foible... Il a commencé par le vol , il finira par le meurtre... Son ame est dans mes mains ... environs le d'amour, qu'il en soit furieux, qu'égaré par mes séductions il vole à ma voix percer le sein que j'abhorre & que tout sanglant il se rejette dans les bras qui doivent appaiser le cri de ses remords.

SCENE III.

ROSALIE, BRIGARD.

ROSALIE.

Où eſt Jenneval ? L'as-tu trouvé ? Viendra-t-il ?

BRIGARD.

Oui ; j'ai fait davantage ; j'ai obſervé tous ſes pas.
J'ai eſpionné enſuite l'oncle (c'eſt mon ancien métier.)
Il va ſecrettement ſouper au marais chez un homme
qui fait ſes affaires, & qui s'eſt chargé de lui trouver
à placer ſon argent à fond perdu , mais le plus avan-
tageuſement poſſible : d'ailleurs ce vieillard qui ne
ménage rien contre nous a été imprudent. Il a bleſſé
le cœur de ſon neveu. Je l'ai rencontré dans la premiere chaleur de ſon reſſentiment ; il étoit furieux ,
il m'a tout confié. Je lui ai dit que je préviendrois
les coups que cette tête opiniâtre vouloit nous porter ,
que je te mettrois à couvert de ſes pourſuites , Il m'a
embraſſé , il m'a appellé ſon protecteur , ſon ami. Tu
dieu ! Placer ſon bien à fond perdu ! Si cette ſucceſ-
ſion ne tombe à ſon neveu, adieu nos eſpérances, mais
j'ai cette affaire trop à cœur pour l'abandonner. Avec
ſa petite épée d'argent maſſif qu'il porte à la vieille
mode , il a tout l'air d'un de ces tapageurs du tems
paſſé. O ſi je lui ſuſcitois une querelle d'Allemand. Il
eſt vif, colere ; il tireroit l'épée, & moi, (*il pouſſe une
botte.*) & moi, jadis prévôt de ſalle, je ne tarderois
pas à le coucher ſur le carreau. Qu'il ſeroit bien là !
C'eſt un inſecte qui veut mordre & qu'il faut écraſer,

ROSALIE.

Cours & m'amene Jenneval ; il faut que je fois fure de lui , tu m'entends. S'il fe livre à moi, comme je n'en doute point... Frappe... Ses coups fuivront les tiens ? Il eft furieux, dis tu ..Sois attentif à tous fes mouvemens, aux miens... Lorfque nous ferons enfemble , entre à propos, fors de même... Tu interpreteras mon gefte & jufqu'à mon filence... mais après fonge à tout & mets à profit les inftans ; que la prudence s'uniffe à l'audace ...

BRIGARD.

A qui dis-tu cela ? Je dérouterai tous les limiers de la Police ; je connois toute leur allure. J'ai quatre recoins ténébreux dans cette grande ville où je défie... Puis un homme mort ne parle point...C'eft un fait...

ROSALIE, *avec intrépidité.*

Tu perds le tems en paroles. Je devrois à cette heure même recevoir la nouvelle de fon trépas... L'attente me confume & je ne vis plus...

SCENE IV.

ROSALIE, BRIGARD, JUSTINE.

JUSTINE, *accourant.*

MADEMOISELLE, Jenneval monte...
ROSALIE, *à Brigard.*
Ne perds pas un feul de mes regards...

Brigard fait un figne d'approbation & fort. Rofalie fe jette fur une chaife le mouchoir fur les yeux, un bras en l'air & paroit plongée dans le plus grand défefpoir.

SCENE V.

ROSALIE, JENNEVAL.

JENNEVAL, *appercevant Rosalie en pleurs*

O Ciel ! Voilà donc les tourmens que je te cause !
A toi !.. Ah je mourrai de ta douleur, si ce
n'est de la mienne … Adorable Rosalie, pardonne.
Ne me vois pas en coupable. J'ai souffert plus que
toi … Rassure mon cœur déchiré … Dis que tu ne
rejettes pas sur moi l'indigne traitement où mon malheureux sort t'a exposée ; dis que rien ne peut altérer
ton amour, cet amour précieux qui fait aujourd'hui
mon unique espoir … Non, ce n'est qu'à tes genoux
que je rencontre encore quelque ombre de bonheur.

ROSALIE.

Il n'en est plus pour moi, Jenneval ; l'indigence
n'est rien, mais l'infamie dont on a voulu me cou-
vrir, le mépris… L'éclat scandaleux des insultes
qu'on m'a faites m'humilie & me déchire le cœur…
Heureuse avant que de vous connoitre, je regarde
le premier jour où je vous ai vu, comme la funeste
époque du malheur de ma vie … Que venez-vous
chercher encore ici ?.. Il faut nous séparer….Laissez-
moi à mon sort … Tout horrible qu'il est, je crains
que vous ne l'agraviez encore … Ne nous revoyons
jamais ; je n'ai rien à vous dire de plus.

JENNEVAL.

Jamais ! Quel mot ! L'as-tu pu prononcer ?

ROSALIE.

Oui, je vais fuir loin de vous. Mes yeux noyés dans les pleurs ne vous verront plus que quelques inftans. Je voudrois dompter ces indignes larmes... Puissiez-vous m'oublier !

JENNEVAL.

Non chere & tendre amie. Non, je n'écoute point l'injufte accent de votre douleur. Vous n'acheverés point de me défefpérer. C'eft de vous feule que mon cœur fe promet quelque foulagement. C'eft à vous qu'il vient s'abandonner tout entier. Ne me préfentés point l'image de vos maux, ils font gravés dans mon ame en traits ineffaçables ; mais lorfqu'un même coup nous frappe tous deux, ne fongerons-nous qu'à nous affliger au lieu de nous fecourir mutuellement... Je fuis la premiere caufe du malheur qui t'opprime, mais quand mon cœur l'avoue, le tien, chere Rofalie, qui doit compatir à mes maux, le tien, ne plaide-t-il point en ma faveur contre toi-même ? Tout ce que tu endures eft préfent à mon ame, mais ce que je fouffre tu l'ignores... Non tu ne le fauras jamais.

ROSALIE, *en fanglottant.*

Qu'ai-je fait à cet homme barbare pour me pour-fuivre ? De quel droit attente-t-il à ma liberté & à mon repos ? Que d'outrages il m'a fait ! Il m'a traitée comme la plus vile créature ; & Jenneval, vous favez fi je méritois cet affreux traitement... C'en eft fait, ne me revoyés plus ; n'exigés plus que je vous revoye. L'état horrible où il m'a réduite ne me laiffe d'au-tres reffources qu'une mort prompte.

JENNEVAL.

Que me dis-tu ? Toi mourir, toi !.. Au nom de

ma tendreſſe ne te laiſſe point accabler ,.. Calme-
toi... Je n'ai jamais ſenti tant d'amour & de fureur.

ROSALIE.

Je te l'avoue, j'aurai plutôt le courage de mourir
que celui de languir dans l'opprobre. L'opprobre
eſt un poiſon lent qui tue une ame ſenſible, & la
mienne l'eſt mille-fois plus que tu ne l'imagines. Quelle amertume répandue ſur tes jours & ſur les miens !
Ah ! Si je ne puis me relever , reſous-toi à me perdre.
J'y ſuis décidée. Si tu ne m'aimois pas , je ne vivrois
déja plus.

JENNEVAL , *en ſe frappant les mains.*

Malheureux que je ſuis ! Ah Roſalie , au nom de
l'amour ſauve-moi du déſeſpoir. Quoi, j'entendrois
mon cœur me crier , c'eſt toi qui es ſon aſſaſſin ! Elle
meurt pour t'avoir aimé. C'eſt ta main qui la pouſſes
au tombeau. Ah periſſe plutôt tout ce qui n'eſt pas
toi ...

ROSALIE.

Il n'y a qu'un ſeul homme acharné à nous perdre ;
& je n'ai point trouvé un défenſeur qui ſoutint ma
cauſe avec la même fermeté que celui-ci met dans
ſa perſécution.

JENNEVAL.

Tu n'es pas la ſeule victime de ſa fureur. Il m'a
maudit , déshérité ; va, j'ai rompu tous les nœuds
qui m'attachoient à lui ... J'aurois dû peut-être ...
Mais cet homme eſt mon oncle.

ROSALIE.

Dis plutôt ton bourreau. C'eſt lui qui a toujours
empoiſonné ta vie d'un fiel amer. Vois quelle eſt ſa
violence

violence. Combien elle eſt terrible, inexorable. Tu m'aimes, c'eſt aſſez, je deviens l'objet de ſa haine. Il me calomnie, il ſouleve contre moi une force aveugle & je ſerai ſacrifiée, car l'innocente foibleſſe l'eſt toujours ; mais mon cœur ſaignera encore plus de tes bleſſures que des miennes. Sous un tel tyran, cher Jenneval, quel avenir t'eſt reſervé !

JENNEVAL.

Mon deſtin eſt horrible, mais il ne doit pas toujours durer.

ROSALIE.

Tant qu'il vivra, n'en attend point un autre.

JENNEVAL.

J'implorerai le ſecours des loix pour diſpoſer à mon gré de ma liberté & de ma fortune. Je ne parle point de te défendre, de t'arracher à tes vils perſécuteurs. De pareils ſermens offenſeroient l'amour & toi. Je ſerai libre, te dis-je, & malgré tous ceux qui pourroient s'y oppoſer.

ROSALIE.

Cher Jenneval, quand on a recours aux loix, ces ſimulacres inſenſibles, l'iſſue eſt bien douteuſe, & par quel labyrinthe long, difficultueux, pénible, te faudra-t-il paſſer ? On t'a ravi ton bien : eſt-ce dans le deſſein de te le reſtituer ? On t'aura ôté juſqu'aux moyens de produire tes premieres demandes. Eſt-ce un vain tribunal qui donnera quelque force à tes foibles droits ?

JENNEVAL, *après un moment de ſilence.*

A quoi m'a-t-il réduit cet homme infléxible ? J'au-

F

rois pu l'aimer malgré ses rigueurs & je sens trop
combien ma haine de moment en moment s'allume
contre lui Me préserve le ciel de hâter son trépas
par mes vœux ; mais si la mort descendoit sur sa tête...
il fut injuste, il fut dur & barbare, je porte un cœur
vrai, je ne sais point feindre ; s'il mouroit, non, je
ne répandrois point de larmes sur sa tombe. (*en
s'attendrissant.*) Cependant autrefois j'ai vu des momens où j'aurois donné tout mon sang pour lui !

ROSALIE.

S'il n'étoit plus, dis Jenneval, quel changement
de fortune !

SCENE VI.

ROSALIE, JENNEVAL, BRIGARD.

BRIGARD, *dans le fond du Théatre, à part.*

ALLONS, il est tems ; jouons notre rôle. (*haut.*)
Votre très-humble M. Jenneval. Toujours prêt
à vous servir, entendez-vous. Disposez de moi ; vous
le savez, je suis tout à vous.

JENNEVAL *avec exclamation.*

Ah ! voilà celui à qui je dois plus que je ne puis
exprimer. Sans lui, sans ses avis, sans ses soins généreux, chere Rosalie, je ne jouirois pas en ce moment du bonheur de te revoir... A qui demander, où
te trouver ?..

ROSALIE.

Il a fait plus, il m'a indiqué cet azile secret &
caché. Il a opposé ce rempart à l'ardente fureur de
nos ennemis. Sans lui je gémirois dans la profondeur
des cachots, en proie au désespoir, mourante...
Tu lui dois tout.

BRIGARD, *en regardant derriere lui.*

Ah, le péril n'est point encore passé.

JENNEVAL, *troublé.*

Comment ?

BRIGARD.

Ah, Monsieur, on en agît bien indignement envers vous, je suis accouru pour vous prévenir. Tout
nous menace ; ce vieil oncle qui veut vous enlever
Rosalie pour jamais, a obtenu de nouveaux ordres.
Des espions sont répandus de tout côtés, & je tremble pour demain.

JENNEVAL, *saisissant Rosalie par le bras*
& la main sur son épée.

Ah, le premier qui osera contre elle ... quel que
soit le nombre, ce fer ... ou du moins j'expirerai en
embrassant tes genoux !

ROSALIE.

Je ne doute point de ton courage ; mais vois combien il seroit inutile. Nos malheurs pourroient s'é-
tendre plus loin encore. Est-ce là le seul parti que
l'amour te dicte pour sauver une infortunée que tu
as exposée au plus cruel affront ? Toi seul connois
mon innocence, mais les autres séduits ou trompés,
me traiteront ce ignominie. Le déshonneur & la
mort feront le prix de ma fidelité.

JENNEVAL.

Quelle affreuſe idée ! comme elle bouleverſe mon ame ! Je vois couler tes pleurs ... Ah tu m'épargnes encore, tu ne me parles pas de cette indigence qui te preſſe & t'environne. Ce barbare qui ſe dit mon oncle m'a ôté l'eſpoir de te préſenter la moitié de ma fortune. Ciel ! inſpire-moi ce que je dois tenter ...

ROSALIE, *en s'aſſeyant & ſe couvrant les yeux d'un mouchoir.*

Ah, penſe pour moi, car le trouble qui m'agite m'ôte la faculté de penſer.

(*Jenneval ſe promene à grands pas.*)

BRIGARD, *ſur le devant de la Scene, & comme dans un monologue.*

Maudit vieillard ! ſi tu pouvois nous faire la grace de décéder ſubitement, nous te pardonnerions tout le reſte ... Le ſang me bout dans les veines. Il jouit de vos biens tandis qu'il vous brave & qu'il vous inſulte. C'eſt une choſe inouie que cette injuſtice-là ... La nuit eſt commencée ... S'il ſe rencontroit ce ſoir devant moi, je crois que l'indignation m'emporteroit... (*ici Jenneval le regarde.*) (*en adouciſſant ſa voix.*) Vous ne ſavez pas tout, Monſieur ; ce vieillard importun qui ne reſpire que pour votre ruine, à cette heure même fait dreſſer un contrat de rente viagere, où il comprend tous ſes biens, afin de vous ravir un héritage qui vous eſt ſi légitimement dû ...

JENNVAL.

Oncle cruel ! Vous pouſſeriez juſques-là votre vengeance ... Je ne l'aurois jamais cru.

BRIGARD.

Hélas! il n'eſt que trop vrai. Mon zéle pour vous m'a fait découvrir l'impoſſible. Il ſoupe ce ſoir au marais, chez l'homme chargé de conduire ſecrettement cette affaire. Si vous en doutez encore, ſuivezmoi ce ſoir vers les onze heures au détour de la fontaine . . .

JENNEVAL, *avec fierté.*

Eh, qu'il garde ſes biens, ces biens vils que je mépriſe, & auxquels il me croit ſi fort attaché, pourvu que tu me reſtes, chere Roſalie. Je ne les déſirois que pour toi. Mais tu dédaigneras comme moi ces richeſſes: prends mon courage. L'adverſité m'a rendu fort, imite-moi. Nous irons, s'il le faut, vivre dans un déſert, pour y jouir de nous-mêmes. Je me ſens ſecrettement flatté de n'eſpérer plus rien de lui. Ses biens me deviennent odieux comme ſa perſonne. Mes amis! qu'on ne prononce plus ſon nom devant moi. Il viendroit, ſoumis & ſuppliant pour réparer ſes torts que je ne lui pardonnerois pas. Il m'a fait trop ſouffrir en faiſant couler tes larmes. Pardonne, daigne encore m'aimer, me revoir. J'oublierai juſqu'au nom de cet oncle inhumain. Eh, que peut-il pour mon bonheur?

ROSALIE, *ſoulevant ſon mouchoir, & d'un ton froid.*

Il peut mourir . . . (*puis elle ſe couvre le viſage comme abandonnée d'une douleur muette.*)

BRIGARD.

Demain, Monſieur, demain (j'en frémis d'avance) mais je vois que vous ſerez tous deux ſacrifiés. Le pouvoir, le terrible pouvoir eſt entre ſes mains. Comment prévenir . . . Il faudroit de ces coups déſeſpérés. Ah, ſi par un acte de vigueur je pouvois...

ROSALIE.

Non, non, qu'il me laiſſe perir en conſentant à tout, en m'abandonnant...

JENNEVAL.

Qu'oſes-tu dire ?

ROSALIE.

Que tu n'as pas une ame aſſez forte, aſſez décidée, & que ton irréſolution enchaîne après toi le malheur.

JENNEVAL.

Eh quoi donc décider ? Oſe réſoudre. Dans ces extrémités quel parti dois-je prendre?..

ROSALIE, *en ſe levant.*

T'abandonner entierement à moi, jurer de ne pas rejetter le moyen que je vais t'offrir ; c'eſt le ſeul qui nous reſte . . .

JENNEVAL, *avec emportement.*

Je te le jure par tout ce qu'il y a de plus ſacré... Mon ame ſouffre dans la tienne, je ne veux plus voir tes douleurs . . . Prononce . . . Le regard des hommes n'eſt plus rien pour moi. Je ne vis plus que pour te ſervir...

Roſalie, en ſe détournant pendant ce couplet, a fait à Brigard un geſte homicide, ſignal terrible du meurtre. Brigard a répondu à ce ſignal affreux, & eſt ſorti. Tout ceci a dû s'exécuter dans un inſtant.)

SCENE VII.

ROSALIE, JENNEVAL.

ROSALIE *s'avance & saisit la main de Jenneval.*

JENNEVAL, m'aimes-tu?

JENNEVAL.

Quel langage, ô Ciel!

ROSALIE, *en souriant avec une joie cruelle.*

Eh bien, cette nuit même n'achevera point son cours sans amener le terme de notre adversité. La fortune, tu le sais, ne tient souvent qu'à un moment de courage...

JENNEVAL.

Quoi, seroit-il possible!.. Que vois-je? Tous tes traits sont changés. Quelle joie extraordinaire brille sur ton visage!.. Tu pourrois entrevoir...

ROSALIE.

Va, tout est vû.

JENNEVAL.

Tu esperes?..

ROSALIE, *du ton le plus tendre.*

Tous nos malheurs vont finir, viens essuyer mes larmes. Viens rendre la paix à mon cœur. Viens me dire que tu m'aimes, afin que je perde toute idée de me donner la mort. Jenneval, répéte-moi que ma volonté sera l'arbitre de tes destins.

F iv

JENNEVAL, *avec impatience.*

Rofalie, méconnois-tu ton amant?

ROSALIE, *en le ferrant contre fon fein.*

Tu l'es, mon cher Jenneval ; c'en eft fait...Tu deviens en ce moment la plus chere moitié de moi-même... Va, ma tendreffe fera déformais fans bornes. Écoute ce cœur qui t'eft fi bien connu, qui fe livre à toi fans réferve. Ton amante à cette heure brule de plus de feux que tu n'en eus jamais pour elle. Elle te préfereroit aux mortels les plus opulents. Elle te choifiroit dans le monde entier pour ne fuivre, ne voir, n'adorer que toi ; enfin elle va te donner la plus grande preuve de fon amour, en ofant tout entreprendre pour que rien ne nous fépare.

JENNEVAL, *ému.*

Prends garde, chere Rofalie, je n'ai point affez de force pour fupporter des marques fi vives de ton amour... Modere une joie trop précipitée... Tu t'abufes peut-être... Je t'idolâtre, je fuis le plus heureux des hommes... mais... explique-moi enfin... je dois favoir...

ROSALIE.

Ingrat! j'aurois voulu que tu l'euffes deviné. Ecoute, la haine ne profcrit-elle perfonne dans ton ame ? Sens-tu cette fureur ardente qui confume la mienne ? Ta Rofalie ne vit-elle plus en toi ? Ne t'infpire-t-elle pas fon projet ?.. Il eft terrible, mais fi tu la chéris, tu fais ou plutôt tu fens, ce que demande une femme outragée...

JENNEVAL.

Arrête. Ne fens-tu pas toi même combien tu me fais fouffrir... Je tremble... Eh que veux-tu ?

ROSALIE.

Ton bonheur & le mien. Voici l'inſtant de me prouver que tu m'aimes. La rage de cette ame de fer, de cet odieux tyran qui ſe dit ton oncle, vient d'allumer ma juſte vengeance. Il nous pourſuit... Si je ne l'arrête nous périſſons.... C'eſt ſa mort que je te demande.

JENNEVAL.

Sa mort!

ROSALIE.

Crains de balancer.

JENNEVAL.

Le frere de mon pere! Dieu!

ROSALIE.

Lui! ce deſpote farouche.

JENNEVAL.

Tout mon être frémit; cruelle, qu'oſes-tu prononcer? Demande ma vie, c'eſt l'unique choſe qui me reſte à te ſacrifier. (*changeant rapidement de ton.*) Ah! l'infortune t'égare & te fait oublier... Non, ce n'eſt pas toi qui parle... Dis-moi quel noir démon trouble ton ame?

ROSALIE.

Homme foible & lâche, qui ne fais rien oſer pour ton propre bonheur, demain tu rendras grace au coup hardi qui nous aura délivrés. Demain, nous n'aurons plus rien à craindre; tu feras libre, riche & maître de ta Roſalie.

JENNEVAL.

De quelle horreur es-tu poſſédée? J'en atteſte ici le Ciel... Je n'acheterois pas même un trône au prix du ſang de ce vieillard.

ROSALIE.

Qu'as-tu tant à frémir ? Eft-ce la vie que tu lui raviras ? ce font à peine quelques jours fragiles & languiffans? Leur flambeau pâlit, acheve de l'éteindre. Seroit-ce un vain titre d'oncle qui retiendroit ton bras ? Va, les chimériques liens du fang font trop équivoques pour en impofer. Ceux qui nous aiment & qui nous font du bien , voilà nos parens ; mais celui qui fe rend notre perfécuteur , qui nous hait ; cet homme, quel qu'il foit , n'eft plus qu'un mortel ennemi que la nature elle-même nous enfeigne à détruire.

JENNEVAL.

Eh quel droit ai-je fur fes jours?.. Le vil affaffin frappe dans l'ombre, mais depuis quand prétend-il juftifier au grand jour , fa lâche & obfcure fureur?.. Rofalie ! comment ton ame eft-elle devenue fanguinaire?.. Ah, reprends , reprends cette douce fenfibilité qui honore ton fexe & qui faifoit tous tes charmes. Autrefois tu m'as montré des vertus , ne les démens pas. Reviens, reviens à toi-même & tu défavoueras bientôt un langage fi contraire à ton cœur & au mien.

ROSALIE.

Eh bien fais-lui grace pour qu'il me tue; attends que ce monftre que tu épargnes m'ait arrachée d'ici pour me plonger vivante dans les cachots. Détefte ton amante & chéris fon tyran féroce ... Si tu n'as pas le courage de prévenir fes coups , foulage-moi avec ton épée ... Tu feras moins cruel.

(Elle fe jette fur l'épée de Jenneval.)

JENNEVAL *la repouffant.*

Malheureufe ! ô Ciel !

ROSALIE, *dans l'attitude du desespoir.*

La mort n'eſt qu'un inſtant. L'indigence & l'opprobre ſont éternels. Accorde-moi ſa mort, ou tremble... Je me perce à ta vue.

JENNEVAL.

Tu veux mourir. Meurs du moins innocente... Dans quel égarement te jette un déſeſpoir que ma douleur partage! Roſalie! eſt-ce là ce que tu m'avois fait eſpérer? Quoi, tu connois l'amour, & tu peux être barbare!

ROSALIE.

Qui de nous deux l'eſt davantage?.. Tu pleureras ma mort, puiſque tu chéris ſa vie aux dépens de la mienne.

JENNEVAL.

Tu m'aſſaſſines à coups redoublés... Ta rage ſemble paſſer dans mon cœur. Laiſſe-moi reſpirer... Je ne me connois plus.. Le déſordre de mon ame.. Je ne ſais ce que je hazarderois dans ces momens, pour te ſauver de l'affreux état où je te vois.

ROSALIE, *d'un ton ſuppliant.*

Rends-moi ce jour que la tyrannie veut m'ôter & ma vie entiere, je la conſacre à jamais ſous tes loix. Vole, cher Jenneval, la nuit & la mort obſcurciront tous les objets. Les ténebres ſont d'inſenſibles témoins. Elles enſeveliront cet événement dans une ombre éternelle. Rien ne tranſpire de la nuit des tombeaux, & leurs ſecrets périſſent avec ce qu'ils enferment. Nuls veſtiges, point d'indices. Les ſoupçons ne s'éleveront pas même juſqu'à toi... Crois-en ton amante, elle a tout diſpoſé & tout eſt prévu.

JENNEVAL.

Eh quand j'échapperois à tous les regards, à l'œil
même du vengeur éternel des crimes, je le saurois
toujours moi ! la voix de cette conscience que rien
n'étouffe me reprocheroit mon forfait : que m'importe
le jugement de l'Univers, si cette voix terrible qui
m'accufe tonne à jamais dans mon cœur.. Barbare !
Est-ce ainsi que tu reconnois ma tendresse, est-ce en me
rendant coupable & malheureux que tu veux signaler
le pouvoir de tes charmes. Quoi ! le chef-d'œuvre de
la nature voudroit en devenir l'horreur ?.. Mon ame
est épuifée.. Que j'ai besoin de me fortifier contre
tes attraits dangereux !..Mais, que dis-je ? En vou-
lant frapper, le poignard me tomberoit des mains ; ce
vieillard ! .. Il porte fur fon front les traits chéris
d'un pere.. Il m'a careffé dès le berceau, il a élevé
mon enfance, il fut mon bienfaiteur, & à travers
toutes fes rigueurs, je fens, oui je fens trop qu'il m'aime.. Ah, fon ombre en montant au fejour éternel,
fon ombre fanglante iroit m'accufer devant un pere ;
elle lui diroit : *Vois cette bleffure ouverte, ce flanc déchiré.. C'est la main de ton fils !*.. La foudre alors
s'échaperoit fur ma tête, ou, fi la terre portoit encore un parricide, feul avec mon crime je n'oferois plus regarder le foleil ; une image enfanglantée
me pourfuivroit jufqu'en tes bras.. Écoute, ne fens-
tu pas déjà des remords ; toujours plus dévorans, ils
corromproient nos jours ? Plus d'amour pour nos
cœurs. La difcorde qui fuit les forfaits viendroit s'affeoir entre nous, & nous armeroit bientôt l'un contre
l'autre. Échapés aux bourreaux, nous n'échaperions
pas à nous mêmes ..Ah..

ROSALIE, *d'un ton terrible.*

Je rejette ton indigne pitié, tes prieres, tes vœux, tes remords, apprends qu'ils deviennent inutiles. J'avois prévu ta foibleſſe, je me ſuis chargée de ta deſtinée. Tu l'avois remiſe entre mes mains. Il n'eſt plus en ton pouvoir que d'ordonner mon trépas.. L'arrêt en eſt porté.. Tu entreras malgré toi dans mon complot.. Au moment où je te parle, c'en eſt fait, Ducrône, notre tyran expire.

JENNEVAL *courant déſeſpéré.*

Ah perfide! je t'avois mal connue. (*en pleurant.*) Bonnemer, cher Bonnemer, tu me l'avois prédit.... Où es-tu? Viens, vôle à mon ſecours.

ROSALIE, *froidement.*

Ceſſe de vaines clameurs, & choiſis maintenant d'être ou mon accuſateur ou mon complice. Traîne ſur l'échaffaut une femme qui t'aime, qui a tout oſé pour toi, ou laiſſe tomber un ſiniſtre vieillard dont tu recueilleras l'immenſe héritage, & qui entraînera avec lui dans ſa tombe le ſecret impénétrable de ſa mort. Il n'a aucun droit de me toucher lui!.. Je ne demande point que tu prennes un poignard, que tu enſanglantes tes foibles mains.. Ferme les yeux; laiſſe agir Brigard; il nous ſert avec zèle. D'ailleurs, n'eſpere pas pouvoir le fléchir. Il ſait qu'il faut te ſervir malgré toi & que demain tu baiſeras la main qui nous aura délivrés.

JENNEVAL *rapidement.*

Le barbare ſe trompe.. Je cours défendre & ſauver ce vieillard malheureux. Je l'aime depuis que ſes jours ſont en danger, & toi, je crois que je commence à te haïr, je crois.. [*Il va pour ſortir.*] Laiſſe-moi, j'abjure l'amour, je déteſte la vie...

JENNEVAL,

ROSALIE, *l'arrêtant.*

Arrête, cher Jenneval...

JENNEVAL *furieux.*

Eh que veux-tu de moi, furie implacable?...
tremble !

ROSALIE.

Dieux ! quel nom ! quel regard ! (*tombant à ses genoux.*) Immole ta Rosalie, & ne l'outrages pas. Elle
redoute plus ton mépris que la mort. Elle est prête
à sacrifier sa vie à tes pieds. Accuse le sort, maudis
notre destinée. J'ai, comme toi, le meurtre en horreur, mais une fatalité terrible nous écrase & je veux
te sauver. Comment renoncer à la vie, à la liberté,
à l'amour ? Je t'idolâtre. Crime ou vertu, l'amour
l'emporte sur tout & ne connoît point d'autre loi...
Dans un pareil état, est-ce à nous de réfléchir ?.
Cher & foible Jenneval, affermis ton ame ; il n'est
plus tems de reculer... Écarte les fantômes qui ob-
sédent ta crédule imagination. Vole où ton amante
te conduit ... Serais-tu insensible au prix unique
qu'elle garde à ton obéïssance ... Pressé dans les
bras qui s'ouvriront pour te recevoir & payer ton
courage ; tout entiers à nous-mêmes... libres, heureux, vengés ...

JENNEVAL.

Leve-toi, barbare, je ne veux plus t'entendre...
Mes cheveux se dressent d'horreur. Que ton génie est
terrible ! que ta tendresse est perfide ! par quels dé-
tours m'as-tu conduit dans l'abîme ... Fatale beau-

té! tu vois le délire de mes fens, tu fais que tu regnes impérieufement fur ce cœur déchiré, & tu le poufles au meurtre... **Tes cris, tes gémiffemens, tes pleurs m'accablent. Ils ont ébranlé mon ame , & en ont chaffé la vertu... Triomphe ! l'échaffaut nous attend tous deux ... Juftice du Ciel , qu'avez-vous réfolu de moi?.. Ah, quels combats! quels tourmens!.. je chancelle ... Je friffonne ... Par où fortir ?..** (*s'appuyant contre la muraille.*) **Je me meurs ..** (*ranimant fes forces*) **Laiffe-moi aller ... Cruelle! Ne demandes-tu pas fa mort ?**

ROSALIE.

Oui.

JENNEVAL, *éperdu.*

Eh bien je répandrai...

ROSALIE.

Tu répandras fon fang !

(*Ici la déclamation muette de Jenneval eft dans fon plus haut dégré d'énergie ; Rofalie le tient, le preffe, le fixe ; Il s'arrache de fes bras.*)

JENNEVAL.

Oui , je le répandrai ... Laiffe-moi ... Laiffe-moi , te dis-je.

(*Il fort*).

SCENE VIII.

ROSALIE, *seule & marchant à grands pas.*

ENFIN, j'ai reçu fon aveu... Que de fois il
m'a fait frémir ! mais c'en eft fait... Ce fecret
terrible eft un nœud qui l'enchaîne à mes deftins...
Il reviendra ; je m'attend à fes cris plaintifs, à fes
remords... Ils s'abîmeront bientôt dans les feux de
la volupté ; c'eft la divinité puiffante qui fait taire
tout ce qui contredit fa voix : elle regnera profondé-
ment fur l'impétueux Jenneval, & fouveraine abfo-
lue je triompherai par elle.

Fin du quatrieme Acte.

ACTE V.

ACTE V.

La Scene est dans la maison de m. Dabelle; il est nuit.

SCENE PREMIERE.

LUCILE, BONNEMER.

LUCILE *suit Bonnemer qui a l'air inquiet.*

Monsieur Bonnemer, non, vous ne paroissez pas assez tranquille pour me rassurer. Je lis sur votre front que votre cœur est en secret violemment agité. Je suis dans un effroi mortel. Qui vous fait répéter sans cesse le nom de mon pere & celui de m. Ducrône.

BONNEMER.

Ils sont sortis ensemble, Mademoiselle ?

LUCILE.

Oui, & ils devroient être rentrés.

BONNEMER.

Ils sont sortis sans domestique ?

LUCILE.

Eh mon dieu oui.

G

BONNEMER.

Et vous ne pourriez me dire à peu près dans quel quartier ils sont allés ?

L U C I L E.

Non , Monsieur. (*regardant à sa montre.*) Ciel ! onze heures & demie.

(*Elle donne toutes les marques de la plus vive inquiétude.*)

BONNEMER, *à voix basse.*

Où irai-je ? Comment le rencontrer ?.. Je ne puis étouffer un fatal pressentiment...

L U C I L E, *prête à pleurer.*

Monsieur ; au nom de l'amitié que vous avez toujours eue pour moi , dissipez le trouble affreux où je suis plongée... Vous vous trahissez malgré vous. Je ne vous quitte pas. Je donnerois tout au monde pour voir paroître à l'instant mon pere & M. Ducrône. Comme je volerois dans leurs bras ! Tout ce que j'ai dans l'esprit ne seroit plus alors qu'un mauvais rêve bientôt oublié.

B O N N E M E R.

Quoi, votre esprit s'allarmeroit-il ?.. Qu'imaginez-vous donc Mademoiselle ?

L U C I L E.

Mais vous même, c'est envain que vous dissimulez. On a tout employé pour reconcilier l'oncle & le neveu. L'un est trop rigoureux , l'autre trop emporté... Dites-moi, qu'a fait depuis Jenneval ?

B O N N E M E R.

Ne me le demandez point , ah... (*Il veut se retirer.*

LUCILE, *l'arrêtant & rapidement.*

Bonnemer, parlez-moi; parlez-moi, ne me quittez pas je vous en conjure ; vous ne fentez pas que vous me faites cent fois plus fouffrir que fi vous m'annonciez les plus trifles nouvelles. Achevez...

BONNEMER.

Mademoifelle... Je frémis de vous le dire. Je l'ai rencontré, ce malheureux Jenneval, mais dans un défordre extrême. J'ai voulu l'arrêter, le ramener ici ; furieux, il m'a méconnu, il s'eft arraché de mes bras. Le nom de fon oncle a échappé de fa bouche. Il m'a demandé plufieurs fois d'un ton fourd & terrible où l'on pouvoit le rencontrer fur l'heure même. Je n'ai pu réuffir à appaifer le trouble extraordinaire de fes fens. J'ai cru que c'étoit un refte d'émotion de la fcene vive qu'il avoit eue avec fon oncle ; lorfqu'en rentrant ici un exempt m'a fait appréhender un noir complot. Il m'a demandé fi M. Ducrône étoit de retour ; il m'a bien recommandé qu'on l'avertit d'être fur fes gardes, de ne point fe hazarder le foir. Il s'eft informé des maifons qu'il fréquentoit & il eft parti précipitamment.

LUCILE, *jettant un cri.*

Ciel! fe pourroit-il!.. Courez, volez, laiffez-moi.

BONNEMER.

Ah ! reprenez vos fens, vous changez de couleur ; je ne puis vous laifler en cet état. Je vais appeller... Mais j'entends quelqu'un.

(*M. Dabelle entre lorfque Bonnemer foutient Lucile dans fes bras.*)

SCENE II.

M. DABELLE, LUCILE, BONNEMER.

M. DABELLE.

QU'E S T- ce donc ? ma fille prête à s'évanouir ?

LUCILE, *d'une voix étouffée.*

Ah ! Mon pere ! .. Quoi, seul ? ..

BONNEMER.

Mon cher Monsieur Dabelle vous revenés seul ...

M. DABELLE, *soutenant sa fille.*

Mon ami , mon cher ami ... Lucile , qu'a-t-elle donc ? Qu'est-il arrivé ?

BONNEMER.

Et M. Duclône où est-il ?

M. DABELLE, *conduisant sa fille sur un fauteuil.*

Il n'est pas rentré ! .. Qu'est-ce à dire ? .. Chere enfant... Bonnemer. . D'ou nait votre effroi mutuel ? Dites-moi donc ...

BONNEMER.

Ah Monsieur !

M. DABELLE.

Vous m'inquiétés d'une maniere étrange...

BONNEMER.

Où l'avez-vous laissé ? .. êtes-vous toujours demeurés ensemble ?

M. DABELLE.

Non , depuis quatre heures , nous nous fommes féparés. En me quittant il m'a dit ; je ne tarderai point
à vous rejoindre (*allant a fa fille.*) Eh bien ma fille
tu pleures...

BONNEMER.

Helas, Monfieur , nous vous revoyons... Pourquoi avez-vous abandonné Ducrône... Ses jours
font en danger... Jufte ciel ! Le malheureux l'auroit-
il affaffiné !

M. DABELLE.

Vous me glacez d'effroi ... Comment? Affaffiné !
Que voulez-vous dire ?

BONNEMER.

On croit que Jenneval veut attenter aux jours
de fon oncle... Cette femme criminelle & perfide
qui l'a corrompu .... On foupçonne le plus affreux
deffein... Helas! Son œil troublé évitoit mes regards.

LUCILE, *en reprenant fes fens.*

Jenneval n'eft point un barbare. Mon cœur me
foutient le contraire. Il me femble encore l'entendre
converfer fur le précieux fentiment de l'humanité ;
mais il eft foible , il eft livré à des fcélérats qui peuvent fans lui ... C'eft trop de n'avoir pas fçu les
détefter, les fuir ... Ah fi l'amour a tant de pouvoir
fur fa volonté, quel malheur pour iui de n'avoir pas
été excité aux plus hautes vertus !

M. DABELLE.

Ma fille calme toi ... Si tu ne peux jamais te re-
préfenter Jenneval affaffin, je ne puis non plus me

faire à cette idée révoltante ... Cependant je suis
hors de moi. (*appellant un domestique.*) Qu'on mette
tout de suite les chevaux aux deux voitures... Je me
doute de deux ou trois endroits..., On m'a arrêté si
tard aussi... Il me sembloit que quelque chose me
rappelloit ici.. (*à Bonnemer.*) Mon ami vous irés
d'un côté, moi de l'autre. Nous le rencontrerons
surement,.. Ma fille , vous trouvés-vous mieux...
Un moment de patience. (*Il sort*)

SCENE III.

LUCILE, BONNEMER.

Pendant cette Scene Lucile erre dans le fond du Théâtre.

BONNEMER, *sur le devant seul.*

CIEL! Veille sur lui! Fais que je le revoye...
Ne permets pas qu'un crime s'accomplisse ; sauve
à la fois deux ames honnêtes ; & faites pour s'aimer.

LUCILE.

J'entends plusieurs voix confuses... On vient...,
Permettez... (*Elle sort & rentre en s'écriant.*) Ah
mon cher Monsieur Bonnemer, c'est le cher Monsieur Ducrône avec Monsieur Jenneval !

BONNEMER, *avec le cri de l'ame,*

Le ciel soit loué ! Soit beni mille fois!

SCENE IV.

M. DABELLE, M. DUCRONE, LUCILE JENNEVAL, BONNEMER.

Ducrône & Jenneval se tiennent par la main ; Jenneval a l'épée nue sous le bras. Ils sont tous deux sans chapeau.

BONNEMER, *à Lucile.*

C'EST lui, c'eft lui ; embraffons-les tous deux.
(*Il embraffe Ducrone & Jenneval.*)

JENNEVAL, *faluant Lucile, puis reprenant la main de fon oncle.*

Ah mon cher oncle !

M. DABELLE.

A quel danger êtes-vous échapé ?

M. DUCRONE.

Au plus grand de tous. (*Montrant Jenneval.*) Voici mon libérateur ... Je fuis encore tout ému ... Eh qu'eft devenue ma canne ? .. Nous fommes tous deux fans chapeau ... Jour cruel ! Ce foir j'ai foupé & demeuré fort tard chez un homme d'affaires & cela pour deshériter ce Jenneval qui vient de me fauver la vie ... écoutez bien : au détour d'une rue, vers le coin d'une fontaine, un déterminé eft venu à ma rencontre l'épée nue à la main. J'ai apperçu fon fer qui brilloit dans l'obfcurité. Surpris, j'ai tiré mon épée, mais la lame & le fourreau font venus tout enfemble ... C'étoit fait de moi ... Voici que foudain un inconnu vole

Giv

à ma défenfe ; le combat fe livre, il renverfe l'affaffin à mes pieds … Je vois, je reconnois mon neveu,
Il avoit fuivi fecretement mes pas. Il me prend, me
guide par la main … C'eft lui, Meffieurs, qui a ex-
pofé fa vie pour conferver la mienne.

B O N N E M E R.

Généreux défenfeur !

m. D A B E L L E.

Brave jeune homme !

J E N N E V A L, *en fe couvrant le front des deux mains.*

Arrêtez … Sufpendez ces cris de joie … Frémiffés tous de m'entendre … Je rejette vos louanges,
je ne les mérite point. Frémiffés vous dis-je d'horreur & de pitié, fachez qu'une larme de plus, j'étois
un parricide… Ah mon oncle ! Cette main qui preffe
la vôtre avec tendreffe, cette même main qui a fauvé
vos jours étoit préte à fe plonger dans votre fang …
Vous vous étonnés … Ah dieu ! Vous n'avez pas vu
cette femme en pleurs, proflernée à mes genoux,
vous n'avez pas entendu fes accens. Vous ne conce-
vez pas de quels traits elle à frappé mon cœur …
Echauffé par fes cris, éxcité par fes larmes, plein du
poifon dont elle m'avoit ennivré j'allois…

m. D U C R O N E.

Mon neveu, ne t'éxagere point à toi-même ta propre foibleffe.

J E N N E V A L.

Non, Je dois tout révéler… Mon ame hors d'elle
même alloit embraffer le crime. J'adorois Rofalie

vous l'aviez perfécutée. Homme imprudent & cruel
vous ignoriez donc cet afcendant terrible, cette fiévre
des paffions, ce délire d'un cœur réduit au défefpoir
& ce qu'il peut entreprendre à la voix d'une femme...
Ah ! Souvenez-vous de mon pere, il ne fut jamais
inexorable, il eut cedé aux larmes de fon fils, il
l'eut plaint dans fa funefte paffion, il eut connu la pitié,
il eut adouci fes maux. Pardonnez-moi ces reproches
j'ai combattu, j'ai triomphé, j'ai été plus tendre, plus
humain, plus fenfible que vous : mais du moins fentez
un remord falutaire ; tremblés en écoutant un formi-
dable aveu ... Apprenez que j'ai vu un moment où
ne voyant plus en vous qu'un inflexible ennemi,
j'allois vous affaffiner !.. Le ciel ...

M. DUCRONE.

Mon cher neveu, nous ne nous fommes point encore embraffés. (*Ils fe précipitent dans les bras l'un de
l'autre.*)

JENNEVAL.

O joie ! O doux momens ! Eft-ce bien vous que je
ferre fur mon fein ... Ah dieu, laiffez-moi pleurer ...
Encore vertueux & étonné de l'être, je n'ofe en
cet inftant même m'avouer ni me croire innocent...
Femme artificieufe & cruelle !.. Eh fi tu n'avois point
revolté mon ame, fi le ciel en m'éclairant tout à coup
ne m'eut point fait lire fur ton front l'empreinte
du crime... (*avec énergie.*) Mon cher oncle, couvert de votre fang, chargé d'opprobres, en éxécra-
tion à moi-même je mourois de la mort des fcélérats, peut-être avec leur cœur endurci. Je n'ai
point commis le forfait & j'en éprouve tous les tourmens. Que feroit-ce donc fi j'étois coupable ! (*Eten-
dant les bras vers le ciel & dans une attitude fupliante.*)

Grand dieu qui m'as prêté ta force victorieufe, je te rends graces, ma vertu eft ton ouvrage ! Si ta miféricorde n'eft pas épuifée, frappe le cœur de Rofalie, accorde-moi fes remords . . . Ta bonté furpaffe fon crime. . . Dieu puiffant, ce nouveau miracle appartient à ta clémence ! (à *Bonnemer*.) Soutiens moi mes forces s'épuifent.

Bonnemer le conduit fur un fauteuil. Jenneval affis continue après une courte paufe.

Et vous mon oncle, puifque le ciel a détourné les coups qui vous menaçoient , laiffés tomber cet événement dans un éternel oubli, ne pourfuivés point cette malheureufe & fes jours infortunés. Effayons les bienfaits fur ce cœur fi longtems tourmenté.. Votre compaffion doit être exceffive , fi vous voulez l'égaler un moment à mes peines.

m. DUCRONE.

Jenneval écoute ; tu m'as fauvé la vie , je n'en difconviens pas, mais vois-tu, j'aimerois mieux être cent pieds deffous terre que d'autorifer même indirectement le moindre défordre. Oui, je te pardonnerois plutôt ma mort que ton libertinage. Laiffe les affaffins attenter à ma vie, je les crains moins que la perte douloureufe de tes mœurs, & je te le dis ici en oncle reconnoiffant & fevere , fi tu ofois renouer avec ta Rofalie . . .

JENNEVAL, *d'un ton froid.*

Homme extrême , épargnez ce nom à mon oreille. Vous ne m'entendez point. Ah.. quand je l'adorois je la croyois vertueufe. J'idolatrois le fantôme qu'avoit paré mon imagination. J'ai été détrompé . . . Je fuis affermi pour jamais contre fes coupables appas; fi je suis généreux envers elle, c'eſt que je puis l'être ſans danger… Imitez-moi.

M. DABELLE, *s'avançant.*

Cher oncle, j'ai tout vu, tout obſervé & le cœur de ce digne jeune-homme a paru tout entier à mes regards. C'eſt moi qui veux lui préſenter une fille vertueuſe : j'en connois une qui a un cœur ſenſible, tendre même, mais elle a un ami prudent, ſecourable qui depuis ſon enfance veille ſur ſa ſenſibilité. Elle a remis ſes plus chers intérêts entre ſes mains. Elle lui ſera toujours plus chere que tout ce qu'il pourra jamais aimer dans le monde ; il lit tous les ſecrets de ſon cœur, c'eſt à lui enfin à decider ſon choix. Notre Jenneval, cher oncle, me ſemble fait pour être aimé d'un cœur tel que le ſien, car j'oſe ici répondre de la nobleſſe d'ame de l'un & de la tendreſſe de l'autre.

LUCILE, *troublée, attendrie, ſe décèle à tous les yeux par ſon embarras*

Mon pere !

M. DABELLE, *ironiquement.*

Lucile penſe donc que c'eſt d'elle que je parle ?

LUCILE, *avec le plus grand attendriſſement.*

Ah ! Mon pere !

M. DABELLE.

La fauſſe honte que vous éprouvez en ce moment, ma fille, car c'en eſt une, eſt la ſeule foibleſſe que je vous reproche.

LUCILE.

Ah permettez à votre fille de ſe retirer.

JENNEVAL, *a part.*

Je me trouverois coupable ſi je balançois encore. *(haut)* Le voile eſt tombé, adorable Lucile ; un pere reſpectable m'enhardit ; je ne vois plus que vous ſeule

au monde, digne d'être adorée... Ah comment exprimer des sentimens toujours si chers, mais que j'ai
trahis; toute ma vie pourra t'elle effacer... Aveugle,
je prêtois vos vertus à un objet qui ne les connut
jamais... Ah! c'étoit vous que j'adorois... Vous
voyez un homme nouveau.

LUCILE.

Si vos remords font vrais, Monsieur, ils effacent
à mes yeux toutes vos fautes. Mon pere ne vous à
point retiré son estime, vous pouvez encore prétendre à
la mienne. Un sentiment plus doux auroit été votre
partage si vous eussiés resté ce que vous paroissiés
être..

JENNEVAL, *avec feu.*

Ah! Vous me verrés digne de vous. J'en fais le
ferment à vos genoux; daignez m'encourager & d'un
seul regard vous ferés de moi tout ce que je dois
être. Heureux, si vous voulés étendre vos bienfaits
sur le reste de ma vie.

M. DUCRONE.

C'est fort bien dit que cela mon neveu; je suis très
content de toi, aime bien & de toute ton ame cette honnéte & sage demoiselle. Tu peux compter dès ce
moment sur mon héritage comme sur mon amitié.
Messieurs, je lui ai toujours reconnu un caractere
excellent au fond. Il m'a causé bien des chagrins,
mais dieu merci en voici la fin.

JENNEVAL, *à M. Dabelle.*

Voilà donc comme vous me punissés?.. Ah tout
me fait sentir qu'auprès de vous le sentiment de l'a-
mour surpasse même celui du respect!

m. DABELLE.

Nos ames s'entendent cher Jenneval, elles sont faites pour étres unis... C'est toi qui rendras la fin de ma carriere douce & fortunée (*a sa fille.*) Aide-moi à sauver un jeune-homme sensible & vertueux des piéges du vice qu'il ignore, afin que tous les cœurs applaudissent au choix qu'il aura fait.

LUCILE.

Mon pere ! Ah je crains que vous n'écoutiés que mon cœur...

m. DABELLE.

Va, crois-moi, ne plaide point contre lui.

JENNEVAL, *baisant la main de Lucile.*

Comment exprimer tout ce que je sens ! Sortir du désespoir pour gouter la plus pure félicité !.. Quel passage rapide & inattendu ! Belle Lucile, non je ne vous ai pas été infidele, je vous aime trop pour penser que j'aye cessé un instant d'adorer tant de perfections réunies.

m. DUCRONE, *à M Dabelle.*

Mais vous êtes un homme étonnant. Savez-vous que vous m'avez tout attendri, moi qui n'ai point de molesse ? Que vous me faites bien sentir le plaisir qu'on doit gouter a étre bienfaisant ! Ce n'est que dans cet instant que je viens de m'appercevoir que votre caractere vaut beaucoup mieux que le mien. Je sens combien il me seroit doux de pouvoir vous ressembler. Je sais me rendre justice. Je ne me dissimule pas que j'ai peut-être été trop sévère, mais la jeunesse aussi, la jeunesse... Allons, allons, vos bontés ne feront plus de reproches à ma conscience (*a Lucile.*) Chere belle & vertueuse Demoiselle, si vous ne redoutés pas d'avoir un oncle aussi grondeur que